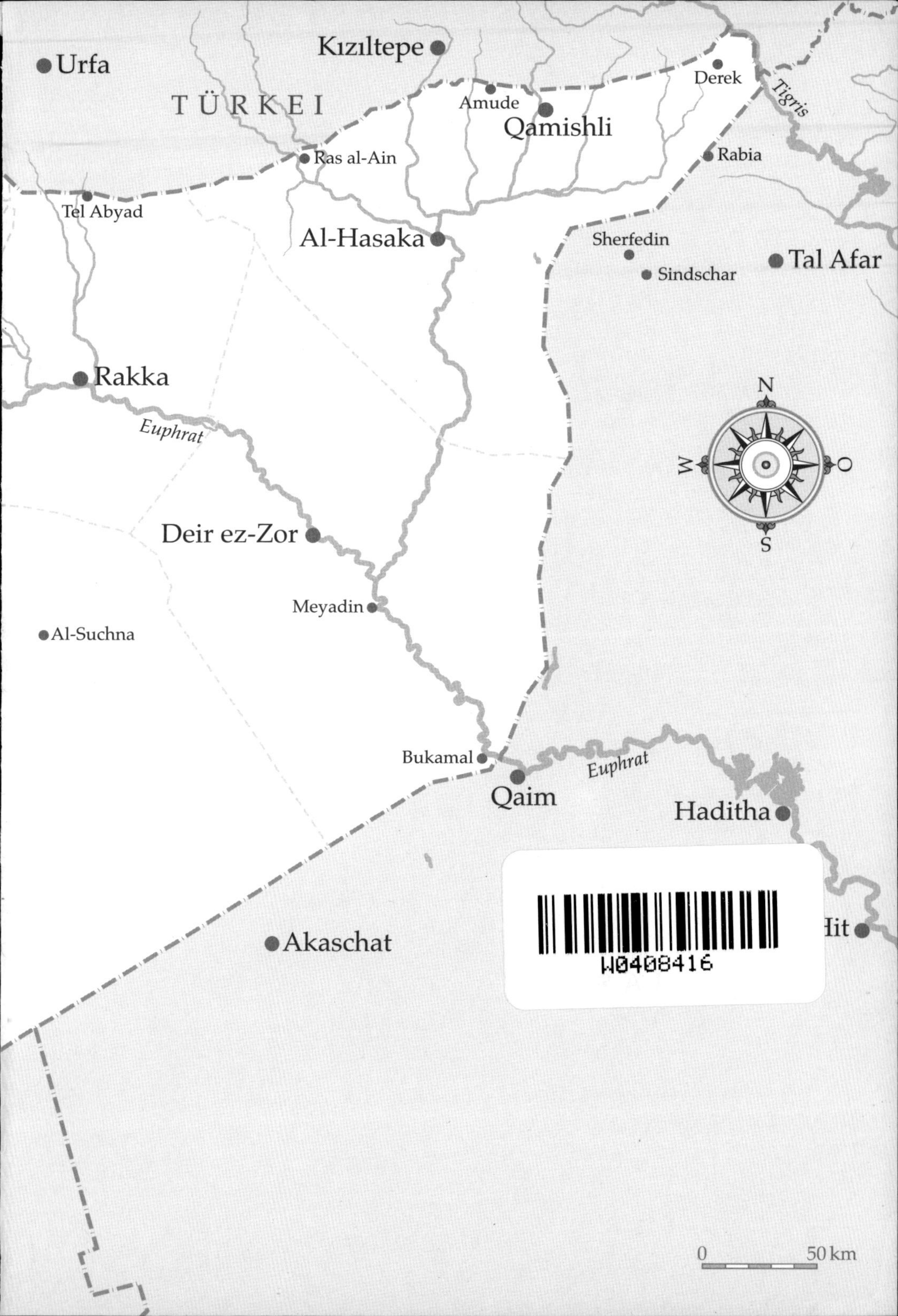
Urfa
Kızıltepe
TÜRKEI
Derek
Amude
Qamishli
Tigris
Ras al-Ain
Rabia
Tel Abyad
Al-Hasaka
Sherfedin
Sindschar
Tal Afar
Rakka
Euphrat
N
W
O
S
Deir ez-Zor
Meyadin
Al-Suchna
Bukamal
Qaim
Euphrat
Haditha
Hit
Akaschat
0
50 km

Delphine Minoui

DIE GEHEIME BIBLIOTHEK VON DARAYA

Syrien

Delphine Minoui

DIE GEHEIME BIBLIOTHEK VON DARAYA

Über die Macht der Bücher in Zeiten des Krieges

Aus dem Französischen von Nathalie Lemmens

BENEVENTO

Die Zitate im Innenteil des Buches haben wir verwendet
mit freundlicher Genehmigung von:
Mahmud Darwisch, Belagerungszustand. Gedichte,
übersetzt von Stephan Milich © 2005 Verlag Hans Schiler

Der Abdruck des Gedichts »Der Schläfer im Tal« von Arthur Rimbaud
auf S. 179 folgt der deutschen Übertragung von Stefan George
aus dem Jahr 1905.

Die Originalausgabe erschien 2017 unter dem Titel
Les passeurs de livres de Daraya. Une bibliothèque secrète en Syrie
bei Éditions du Seuil, 25 Boulevard Romain Rolland, 75014 Paris

1. Auflage 2018

Medieninhaber, Verleger und Herausgeber:
Red Bull Media House GmbH
Oberst-Lepperdinger-Straße 11–15
5071 Wals bei Salzburg, Österreich

Redaktion: Jonas Wegerer
Satz: MEDIA DESIGN: RIZNER.AT
Gesetzt aus der Palatino, Georgia, Dirty Headline
Karte: © Peter Palm, Berlin
Umschlaggestaltung: © BÜRO JORGE SCHMIDT, München
UmschlagiIllustration: © Katie Edwards / Getty Images
Printed in Germany

ISBN: 978-3-7109-0042-6

Für die Aufständischen von Daraya

»Kein Gefängnis der Welt vermag die freie Rede einzusperren. Keine Blockade ist so unüberwindlich, dass sie den freien Fluss der Informationen abriegelt.«

Aus der Rede des syrischen Dissidenten Mazen Darwisch beim World Press Photo Award, gehalten am 23. April 2016 nach seiner Freilassung aus den syrischen Kerkern.

Prolog

Istanbul, 15. Oktober 2015

Es ist ein ungewöhnliches Bild. Eine rätselhafte Aufnahme aus der syrischen Hölle, ohne jede Spur von Blut oder Kugeln. Zwei Männer im Profil, umgeben von Wänden aus Büchern. Der eine beugt sich über einen in der Mitte aufgeschlagenen Band. Der andere blickt suchend in ein Regal. Sie sind jung, um die zwanzig, der erste trägt eine Trainingsjacke, der zweite eine Baseballkappe. Das künstliche Licht, das in dem fensterlosen Raum auf ihre Gesichter fällt, verstärkt noch den befremdlichen Eindruck der Szene. Wie ein vorsichtiges Atemholen in den Zwischenräumen des Krieges.

Die Aufnahme berührt mich. Ich habe sie zufällig auf der Facebook-Seite von »Humans of Syria«, einem Kollektiv junger syrischer Fotografen, entdeckt. In der Bildunterschrift ist die Rede von einer geheimen Bibliothek im Herzen von Daraya. Ich wiederhole die Worte laut: eine geheime Bibliothek in Da-ra-ya. Die drei Silben prallen aufeinander. Daraya, die Aufständische. Daraya, die Belagerte. Daraya, die Ausgehungerte. So viel habe ich schon über diesen rebellischen Vorort von Damaskus gelesen – und geschrieben –, eine der Wiegen der friedlichen Revolution des Jahres 2011, die seit 2012 von den Truppen Baschar al-Assads eingekesselt und bombardiert wird. Die Vorstellung, dass diese jungen Leute in den Kellern der eingeschlossenen Stadt vor sich hin schmökern, während über ihren Köpfen die Bomben fallen, weckt meine Neugier.

Welche Geschichte verbirgt sich hinter diesem Foto? Wie sieht seine Rückseite aus? Gibt es eine Gegenperspektive? Das Bild lässt mir keine Ruhe, wie ein Magnet zieht es mich in dieses unzugängliche Syrien, in dem das Reisen mittlerweile zu gefährlich geworden ist. Mithilfe von Mails, Skype- und WhatsApp-Nachrichten gelingt es mir schließlich, Ahmad Mudjahid ausfindig zu machen, der das Foto aufgenommen hat. Ahmad ist einer der Gründer dieser unterirdischen Agora. Entlang der Maschen einer unzuverlässigen Internetverbindung, seinem einzigen Zugang zur Außenwelt, erzählt er mir von der verwüsteten Stadt, von den zerstörten Häusern, den Bränden und dem Staub und von den Tausenden von Büchern, die sie inmitten des Chaos aus den Trümmern gerettet und in diesem allen Einwohnern der Stadt zugänglichen Papierrefugium zusammengetragen haben. Stundenlang schildert er mir detailliert dieses Projekt zur Rettung ihres kulturellen Erbes, das aus der Asche einer rebellischen Stadt geboren wurde. Anschließend spricht er von den pausenlosen Bombardements. Von den immer leerer werdenden Mägen. Von den aus Blättern gekochten Suppen, mit denen die Bewohner den Hunger zu bannen versuchen. Und von all dem ungezügelten Lesen als Nahrung für ihren Geist. Die Bibliothek ist ihre verborgene Festung, die sie vor den Bomben schützt. Und die Bücher sind ihre Massenbildungswaffen.

Es ist eine faszinierende Geschichte. Aus ihr klingt jene Hymne an den Frieden, die Baschar al-Assad, der Rais von Damaskus, so beharrlich zu ersticken sucht. Jene untergründige Melodie, die die Dschihadisten des Islamischen Staats auslöschen wollen. Jene dritte Stimme, die die Lautsprecher der friedlichen Demonstrationen am Beginn des Aufstands gegen das Regime in die Welt getragen haben und die der heutige Konflikt für immer zum Schweigen zu bringen droht. Es ist das Tagebuch ihrer Revolution, das mir zuflüstert, es niederzuschreiben.

Aber ein solches Vorhaben ist riskant. Wie soll man von etwas erzählen, was man nicht sieht, nicht selbst erlebt? Wie kann ich mich vor Desinformationen schützen, die Assad beileibe nicht als Einziger verbreitet? Welches politische Projekt verfolgen diese jungen Männer jenseits der Bücher, die sie lesen? Sind sie tatsächlich islamistische Kämpfer, wie uns das Regime einreden möchte? Oder lediglich Aktivisten, die sich diesem nicht unterwerfen wollen? Ich rechne aus, wie viele Kilometer mich von Daraya trennen: Es sind fünfzehnhundert. Ich erwäge unzählige Möglichkeiten, von Istanbul aus dorthin zu gelangen. Doch vergeblich. Seit meiner letzten Reise nach Damaskus im Jahr 2010, als ich noch in Beirut lebte, habe ich kein Pressevisum für die syrische Hauptstadt mehr ergattern können. Und selbst wenn ich es nach Damaskus schaffte, wie sollte ich in den belagerten Vorort südwestlich der Stadt kommen? Jetzt, im Herbst 2015, sind selbst die Vereinten Nationen mit ihrem Versuch gescheitert, Hilfsgüter dorthin zu liefern. Gibt es einen Tunnel, einen Schleichweg, einen geheimen Pfad? Am anderen Ende der Internetverbindung bestätigt mir Ahmad, dass alle Zugänge abgeriegelt sind. Die einzige Lücke bildet der benachbarte Vorort Muadamiya, über den sich die Mutigsten noch in die Stadt wagen. Aber auch dieser Weg ist nur nachts passierbar, und stets droht Gefahr durch Scharfschützen und Granatbeschuss.

Muss ich diese Geschichte also wegen eines gewaltsam errichteten Eisernen Vorhangs begraben? Mich damit zufriedengeben, hilflose Zeugin einer beispiellosen Barbarei zu sein, die live auf unseren Fernsehapparaten übertragen wird?

Wer den Blick auf eine Stadt richtet, die er nur am Computerbildschirm sieht, riskiert, die Wahrheit zu verfälschen. Die Augen zu schließen jedoch hieße, sie zum Schweigen zu verdammen. Baschar al-Assad wollte Daraya aus dem Fokus der Öffentlichkeit drängen, es zu einer bloßen Randnotiz machen. Ich möchte der Stadt ihre Sprache zurückgeben. Mehr Bilder zeigen als nur diese erste Aufnahme. Und wenn das bedeutet, dass ich mich damit begnügen muss, die Umrisse einer verbotenen Stadt zu skizzieren, bin ich bereit, dieses Risiko auf mich zu nehmen. Wenn sich alle Türen schließen, sind dann nicht Worte das Einzige, was bleibt, um davon zu berichten?

Schreiben bedeutet, einzelne Schnipsel Wahrheit zusammenzufügen, um so das Absurde hörbar zu machen.

Ein paar Tage später kontaktiere ich Ahmad erneut, um ihm von meiner Absicht zu erzählen. Gespannt warte ich auf seine Antwort.

Am anderen Ende der Skype-Verbindung bleibt es lange still.

Ich wiederhole mein Ansinnen: »Ich möchte ein Buch über die Bibliothek von Daraya schreiben.«

Plötzlich erfüllt ein metallisches Rauschen die Leitung. In dieser sich endlos wiederholenden Nacht voller Angst und Gefahren muss ihm mein Vorhaben lächerlich erscheinen. Doch kaum ist das stählerne Gewitter verklungen, höre ich wieder seine Stimme: »*Ahlan wa sahlan!* (Sei willkommen!)«

Dieser enthusiastisch geäußerte Satz entlockt mir vor meinem Bildschirm ein Lächeln. Ahmad wird mein Führer sein. Und ich sein aufmerksames Ohr.

Und ich gebe ihm ein Versprechen: Dass dieses Buch, ihr Buch, eines Tages in den Regalen der Bibliothek stehen wird.

Es wird das lebendige Gedächtnis von Daraya sein.

Zunächst ist Ahmad nur eine ferne Stimme. Ein schwaches Lied der Hoffnung, das in tiefster Dunkelheit entspringt. Als ich am 15. Oktober 2015 über Skype zum ersten Mal Kontakt zu ihm aufnehme, hat er Daraya seit fast drei Jahren nicht mehr verlassen. Sieben Kilometer von Damaskus entfernt, gleicht die eingekesselte, ausgehungerte Stadt einem Sarkophag. Ahmad ist einer der letzten zwölftausend Überlebenden. Anfangs fällt es mir schwer, seine schüchternen, hektisch gemurmelten Worte zu entschlüsseln. Immer wieder werden sie von den allgegenwärtigen Explosionen unterbrochen. Zwischen zwei Detonationen klammere ich mich an sein Gesicht. Es erscheint auf meinem Bildschirm, verschwindet wieder, den Launen einer Internetverbindung unterworfen, die dank kleiner, zu Beginn der Revolution zusammengesuchter Parabolantennen notdürftig zustande kommt.

Sein Bild wird in die Länge gezogen, verzerrt sich wie ein Porträt von Picasso: runde Wangen, die sich schräg unter seiner schwarz gefassten Brille neigen, bevor sie in tausendundeinen Pixel zerspringen und sich in einem dichten schwarzen Vorhang auflösen. Als sich die Pixel erneut zusammenfügen, lese ich die Worte von seinen Lippen ab. Und knabbere auf meinem Bleistift herum, während ich angestrengt die Ohren spitze.

Er stellt sich vor: Ahmad, dreiundzwanzig Jahre alt, als eines von acht Geschwistern in Daraya geboren. Vor der Revolution studierte er Bauingenieurwesen an der Universität von Damaskus. Vor der Revolution liebte er Fußball, Kino und die Pflanzen in der Baumschule seiner Familie. Vor der Revolution hatte er davon geträumt, Journalist zu werden. Doch sein Vater, der wegen eines belanglosen, einem Freund zugeflüsterten Kommentars zwölf Monate im Gefängnis gesessen hatte, hatte ihm diesen Wunsch rasch wieder ausgeredet. »Beleidigung der Staatsgewalt«, hatte das Gericht damals geurteilt. Das war 2003. Ahmad war elf Jahre alt. Eine dunkle Erinnerung, begraben auf dem Grund seines Herzens.

Und dann kam die Revolution. Als Syrien im März 2011 erwacht, ist Ahmad neunzehn, das rebellische Alter. Der immer noch traumatisierte Vater verbietet ihm, hinunter auf die Straße zu gehen. Ahmad verpasst die erste Demonstration in Daraya, doch zur zweiten schleicht er sich heimlich hinaus. Inmitten der Menge singt er aus voller Kehle: »Das Volk und Syrien sind eins.« In der Brust des angehenden Revolutionärs zerreißt etwas wie ein Blatt Papier. Er spürt den ersten Schauer der Freiheit.

Wochen und Monate folgen aufeinander. Die Demonstrationen ebenfalls. Drohend klingt die Stimme Baschar al-Assads aus dem Radio: »Wir werden siegen. Wir werden nicht weichen. Wir werden die Proteste niederschlagen.« Die Soldaten des Regimes schießen in die Menge. Die ersten Kugeln pfeifen. Doch Ahmad und seine Freunde singen nur umso lauter: »Freiheit! Freiheit!«, während andere Aufständische zu den Waffen greifen, um sich zu schützen. Da der Rais von Damaskus sie nicht alle ins Gefängnis werfen kann, riegelt er die Stadt kurzerhand ab. Es ist der 8. November 2012. Wie so viele andere packt auch Ahmads Familie ihre Sachen und flieht in eine benachbarte Stadt. Seine Eltern flehen ihn an, sie zu begleiten, doch Ahmad weigert sich: Es ist seine Revolution, die seiner Generation. Während die Bomben fallen, greift er zur Kamera und verwirklicht endlich seinen Kindheitstraum: von der Wahrheit zu berichten. Er schließt sich dem Pressezentrum des neuen Lokalrats der Stadt an. Tagsüber streift er durch die verwüsteten Straßen von Daraya, filmt die eingestürzten Gebäude, die überfüllten Krankenhäuser, die Beerdigungen der Opfer, jede noch so kleine Spur dieses unsichtbaren, für ausländische Medien unzugänglichen Krieges. Abends lädt er seine Filme im Internet hoch.

So vergeht, gelähmt durch die Gewalt, ein Jahr zwischen Hoffen und Bangen. Bis ihn seine Freunde Ende 2013 eines Tages zu Hilfe rufen. Unter den Trümmern eines völlig zerstörten Hauses haben sie Bücher entdeckt, die sie unbedingt ausgraben wollen.

»Bücher?«, wiederholt er erstaunt.

Mitten im Krieg erscheint ihm diese Vorstellung absurd. Wozu Bücher retten, wenn sie es nicht schaffen, Leben zu retten? Er hat nie viel gelesen. Für ihn sind Bücher Ausdruck von Lüge und Propaganda. Für ihn sind Bücher gleichbedeutend mit jenem Porträt von Assad und seinem Giraffenhals, das ihn in seinen Schulheften verhöhnte. Zögernd folgt er ihnen in das teilweise eingestürzte Gemäuer. Die Tür wurde von einer Explosion weggerissen. Das unbewohnbar gewordene Haus gehört dem Direktor einer Schule, der bei seiner Flucht aus der Stadt alles zurückgelassen hat. Vorsichtig tastet Ahmad sich ins Wohnzimmer vor. Ein einzelner Lichtstrahl erhellt den Raum. Das Parkett ist mit Büchern übersät, die zwischen den Schutthaufen verstreut liegen. Langsam geht er in die Hocke und nimmt aufs Geratewohl eines davon in die Hand. Seine Fingernägel quietschen auf dem mit schwarzem Staub bedeckten Umschlag, es klingt wie ein Musikinstrument. Der Titel des Buches ist auf Englisch, es geht um Selbsterkenntnis, sicher ein Fachbuch der Psychologie. Ahmad schlägt die erste Seite auf, entziffert die wenigen bekannten Wörter dieser fremden Sprache, die er kaum spricht. Aber im Grunde ist das Thema auch egal. Er zittert. In ihm gerät alles ins Wanken. Er hat das verstörende Gefühl, die Tür zum Wissen aufzustoßen. Für einen Moment der Routine des Krieges zu entfliehen. Einen kleinen Teil der Archive seines Landes zu retten, und sei er noch so winzig. Durch die Seiten zu schleichen wie bei einer Flucht ins Unbekannte.

Langsam steht Ahmad wieder auf, das Buch an seine Brust gedrückt. Diesmal durchläuft der Schauer seinen ganzen Körper.

»Der gleiche Schauer der Freiheit wie bei meiner ersten Demonstration«, flüstert er auf dem Bildschirm.

Ahmads Stimme bricht ab. Sein Gesicht ist wieder ein Mosaik aus einzelnen Pixeln. Eine Explosion hat die Internetverbindung unterbrochen. Ich starre auf meinen Bildschirm, erahne ein Seufzen. Nachdem er einmal tief durchgeatmet hat, nimmt er seine Erzählung wieder auf und berichtet mir, was für Bücher sie an jenem Tag noch unter den Trümmern gefunden haben: arabische und fremdsprachige Literatur, Philosophie, Theologie, Naturwissenschaften. Ein Meer von Wissen in ihren Händen.

»Aber wir mussten uns beeilen«, fährt er fort. »Draußen hörten wir wieder das Geräusch der Flugzeuge. Hastig haben wir die Bücher ausgegraben und die Ladefläche eines Pick-ups bis zum Rand damit gefüllt.«

In den darauffolgenden Tagen wird die Sammelaktion in den Ruinen fortgesetzt. In verlassenen Häusern, verwüsteten Büros, völlig zerstörten Moscheen. Ahmad findet schnell Gefallen daran. Bei jeder weiteren Bücherjagd durchströmt ihn aufs Neue die grenzenlose Freude darüber, zurückgelassene Seiten aufzustöbern und die unter den Schuttbergen begrabenen Worte zu neuem Leben zu erwecken. Sie suchen mit bloßen Händen, manchmal auch mithilfe von Schaufeln. Insgesamt sind es etwa vierzig Freiwillige – Aktivisten, Studenten, Rebellen –, die nur darauf warten, dass das Geräusch der Flugzeuge verstummt, um erneut loszuziehen und unter den Trümmern zu graben. Innerhalb einer Woche retten sie sechstausend Bücher. Was für eine Leistung! Einen Monat später umfasst ihre Ausbeute schon fünfzehntausend Bände. Kleine, große, angeschlagene, mit Eselsohren versehene, unleserliche, sehr seltene, sehr gefragte. Nun brauchen sie einen Ort, um sie unterzubringen. Sie zu schützen. Diesen winzigen Krümel des syrischen Erbes zu bewahren, ehe er in Rauch aufgeht. Sie setzen sich zusammen und beraten, und so entsteht die Idee zu einer öffentlichen Bibliothek. Unter Assad hat Daraya nie eine Bibliothek besessen. Es wäre ihre erste. »Das Symbol einer Stadt, die sich nicht in die Knie zwingen lässt, in der man etwas Neues aufbaut, während um uns herum alles zusammenbricht«, erklärt Ahmad. Er verstummt nachdenklich, ehe er jenen Satz sagt, den ich niemals vergessen werde: »Unsere Revolution wurde begründet, um zu erschaffen, nicht, um zu zerstören.«

Aus Furcht vor Vergeltungsmaßnahmen würde dieses Papiermuseum unter allergrößter Geheimhaltung eingerichtet werden. Es sollte weder einen Namen noch ein Hinweisschild bekommen. Ein unterirdischer Raum, geschützt vor Radarerfassung und Granaten, in dem kleine und große Leser zusammenkommen. Lektüre als Zufluchtsort. Ein offenes Fenster zur Welt, während alle Türen versperrt sind.

Nach fieberhafter Suche entdecken die Freunde schließlich die Kellerräume eines von seinen Bewohnern verlassenen Gebäudes. Es liegt dicht bei der Frontlinie, die Heckenschützen sind nicht fern, aber es ist größtenteils von Raketenbeschuss verschont geblieben. Hastig werden hölzerne Regale gezimmert. Die Wände gestrichen. Zwei, drei Sofas zusammengetragen. Draußen stapeln sie einige Sandsäcke vor die Fenster, ein Generator sorgt für Strom. Tagelang sind die Bücherschmuggler damit beschäftigt, die unzähligen papiernen Relikte zu entstauben, zu kleben, zu sortieren, zu erfassen und einzuräumen. Bis die Bände, nach Themen gruppiert und alphabetisch geordnet, erneut in makellosen Reihen in den zum Bersten vollen Regalen stehen.

Vor der Eröffnung blieb nur noch eines zu tun: Jedes Buch wurde sorgfältig nummeriert und auf der ersten Seite mit dem Namen seines Besitzers versehen.

»Wir sind keine Diebe und erst recht keine Plünderer. Diese Bücher gehören Einwohnern von Daraya.

Manche von ihnen sind tot. Andere sind fortgegangen, und wieder andere wurden verhaftet. Wir wollen, dass jeder nach dem Krieg sein Eigentum wieder zurückholen kann«, betont Ahmad.

Bei diesen Worten ließ ich meinen Bleistift sinken. Beeindruckt von seinem Bürgersinn. Stumm angesichts eines solchen Respekts vor dem Mitmenschen. Vor ihren Mitmenschen. Tag und Nacht sind diese jungen Männer von Tod umgeben. Die meisten von ihnen haben alles verloren: ihr Zuhause, ihre Freunde, ihre Eltern. Inmitten des Chaos klammern sie sich an Bücher, wie man sich an das Leben klammern mag. In der Hoffnung auf eine bessere Zukunft. Getragen von ihrem Hunger nach Bildung, sind sie die stillen Urheber eines im Entstehen begriffenen demokratischen Ideals, das der Tyrannei des Regimes die Stirn bietet. Und sich gleichzeitig gegen die Brutalität der Kämpfer im Zeichen der schwarzen Flagge stemmt, die die antiken Schätze von Palmyra vernichteten und 2015 im Irak die Bibliothek von Mossul niederbrannten. Söldner des Friedens im Angesicht räuberischer Zerstörung.

Wieder unterbricht eine Explosion unser Gespräch. Ungerührt nimmt Ahmad seinen Bericht wieder auf. Er erzählt mir, dass am Tag der Eröffnung nur eine bescheidene Feier veranstaltet wurde. Es gab weder Obstsaft noch Girlanden. Nur ein paar Freunde, die sich zu diesem Anlass versammelt hatten. Und vor allem, ja, vor allem wieder dieses Kribbeln in der Brust wie beim allerersten Schlachtruf. Sehr schnell entwickelt sich die Bibliothek zu einem der wichtigsten Anlaufpunkte der eingeschlossenen Stadt. Täglich außer freitags, dem arbeitsfreien Tag, ist sie von neun bis siebzehn Uhr geöffnet und wird durchschnittlich von etwa fünfundzwanzig Nutzern pro Tag besucht. Hauptsächlich Männern. In Daraya sieht man kaum Frauen und Kinder, erklärt Ahmad. Aus Angst vor den Fassbomben, die vom Himmel regnen, verlassen sie nur selten das Haus. Meistens begnügen sie sich damit, zu Hause die Bücher zu lesen, die ihnen ihre Väter und Männer mitbringen.

»Letzten Monat wurden etwa sechshundert Bomben über der Stadt abgeworfen«, sagt er.

Sein Freund Abu el-Ezz, einer der Leiter der Bibliothek, bekam dies am eigenen Leib zu spüren. Im September 2015 war er gerade auf dem Weg zum Bücherkeller, als ihm eine aus einem Hubschrauber abgeworfene Fassbombe den Weg abschnitt. Diese mit TNT und kleinen Metallteilen gefüllten Behälter richten besonders großen Schaden an, weil sie nur über eine geringe Zielgenauigkeit verfügen. Abu el-Ezz wurde von Schrapnellsplittern am Hals getroffen, die sein Nervensystem verletzten. Seitdem leidet er unter krampfartigen stechenden Schmerzen bis tief hinunter in sein Kreuz und liegt in einer provisorischen Klinik, wo er sich nicht rühren darf. In Daraya ist ein Leben genauso anfällig wie ein Blatt Papier.

Erneutes Grollen. Das Geräusch der Explosionen. Als Ahmad wieder weiterspricht, erklärt er mir, dass er unsere Unterhaltung beenden muss. Wir wissen es noch nicht, aber wir werden noch viele solcher Gespräche führen. Und sehr viel längere. In diesem zerrissenen Syrien, in dem direkte Beziehungen durch virtuelle Kontakte abgelöst wurden, ist es völlig normal, ganze Abende im Internet zu verbringen und mit anderen zu reden. Ich jedoch kann es kaum erwarten, endlich diesen ungewöhnlichen Ort vor mir zu sehen. Die Farben der Wände. Die Gesichter der Leser. Und die Titel all dieser aus dem Chaos geretteten Bücher.

Ahmad hat mir ein Video geschickt, per WhatsApp, neben Skype und Facebook das bevorzugte Kommunikationsmittel der Syrer. Der kurze Film dauert zwei Minuten, ohne Kommentar oder Untertitel. Ich verschlinge diese neuen Bilder, die auf meinem Smartphone an mir vorüberziehen. Da sind sie ja, die jungen Männer aus Daraya. Da sind sie, in ihren Sweatshirts und Turnschuhen. Da sind sie, wie sie mit Bücherstapeln in den Armen im Zickzack durch die Trümmer laufen.

Im Hintergrund ein Bild des Jammers. Gebäude, von denen nur noch die Außenmauern stehen. Abgerissenes Blech. Halb eingestürzte Wände. Von Unkraut zurückeroberte Betonhügel. Und dieses Lächeln auf ihren Gesichtern, jedes Mal, wenn sie neue papierne Schätze ausgraben. Ein kleiner Sieg über die Zerstörung. Da sind sie schon wieder, jetzt stapeln sie die Bücher hinten in einen Lieferwagen. Und dann wechselt das Bild übergangslos ins Innere der Bibliothek. Die Kamera streicht über die nagelneuen Regale, liebkost die Kilometer gebundener Worte, die darin versammelt sind. In der Mitte des Raums sitzen ein paar Besucher an einem Tisch und lesen. Das Gesicht über dicke Bände gebeugt. Ein Notizheft griffbereit. Daraya wie ein offenes Buch.

Ich bin so fasziniert von den Bildern, dass ich die Musik, mit der sie unterlegt sind, beim ersten Mal gar nicht bemerke. Ich starte das Video neu, um auf jedes Detail zu achten. Und da höre ich plötzlich eine sanfte, wehmütige Melodie. Ein vertrautes Tempo. Ich spitze die Ohren, zögere. Eine Minute vergeht. Was ist das für ein geheimnisvolles Lied, das mir so bekannt vorkommt? Plötzlich erkenne ich Yann Tiersens Titelmusik aus *Die fabelhafte Welt der Amélie*. Der französische Kultfilm meiner Jugend, den wir alle wieder und wieder gesehen haben. In einer Nachricht gesteht mir Ahmad, dass er ein großer Fan von Audrey Tautou ist und den Film Dutzende Male angeschaut hat. In der ewigen Dunkelheit Darayas ist er so etwas wie sein Mantra.

So fern, einander so nah. Und zwischen uns der Krieg.

Istanbul, 20. Oktober 2015. Auf dem Computerbildschirm blinkt das Skype-Logo, es klingelt. Dann erscheint Ahmad. Er hat eine »gute Nachricht« für mich: Abu el-Ezz, der Leiter der Bibliothek von Daraya, ist bei ihm. Es geht ihm wieder besser. Nach wochenlanger Rekonvaleszenz hat er heute zum ersten Mal das Krankenhausbett verlassen. Unser virtuelles Treffen findet im Medienzentrum des Lokalrats statt, des offiziellen Verwaltungsgremiums der Opposition, nicht weit vom Bücherkeller entfernt. Dort ist die Internetverbindung stabiler. Das Stromaggregat weniger störanfällig. Aus Sicherheitsgründen möchte Abu el-Ezz nicht, dass sein Gesicht zu sehen ist. Ich lasse mich von seinen Worten leiten.

»Die Bücher sind unser Weg, die verlorene Zeit aufzuholen und die Unwissenheit für immer zu vertreiben«, erklärt er mit halblauter Stimme.

Auch Abu el-Ezz ist dreiundzwanzig. Genau wie Ahmad hat er sein Ingenieurstudium unterbrochen. Genau wie Ahmad war auch er früher kein großer Leser. Die Bücher, die uns an der Universität vorgegeben wurden, waren die reinsten Karikaturen, sagt er. So viel vergeudetes Papier, um die Erinnerung an Hafis al-Assad zu ehren, der 2000 gestorben war. So viele Zeilen, um dem Ego seines Sohns Baschar zu schmeicheln. Und im Gegenzug all die weißen Seiten, die bewusst unterdrückte Erinnerung an die Abwesenden: politische Gefangene, gefolterte Dissidenten, spurlos verschwundene Oppositionelle. All diese ungeschriebenen Geschichten, die verstümmelten Träume, die lebendig begrabenen Pamphlete, die unter dem Druck der Propaganda- und Tötungsmaschinerie verstummten Stimmen.

»Vor der Revolution«, fährt er fort, »wurden wir mit Lügen überschüttet. Es gab keinen Raum für Diskussionen. Wir lebten in einem Sarg. Zensur bildete den Zement unseres Alltags. Man verheimlichte uns die Wahrheit. Vater und Sohn Assad erschienen gleichsam als Vertreter Gottes auf Erden. In den zahllosen Huldigungen, die ihnen dargebracht wurden, mussten wir laut und deutlich verkünden, dass wir bereit seien, unsere Seele und unser Blut für sie zu opfern. Ich erinnere mich an eine Parole, die wir in der Schule immer wiederholen mussten: ›Assad in alle Ewigkeit.‹ Er beherrschte das Land, die Zeit und das Denken.«

Abu el-Ezz spricht mit der Energie eines Mannes, der dem Tod noch einmal von der Schippe gesprungen ist. Seine Stimme ist eine Mischung aus Zerbrechlichkeit und Widerstandskraft. Ich mag mir kaum vorstellen, welche Schmerzen ihn quälen. Aber er will nicht über seine Gesundheit klagen, sondern über seine neu erwachte Liebe zu Büchern sprechen. Er, der Überlebende, wagt es, an ihre heilsamen Kräfte zu glauben. Zwar können sie keine Verletzungen behandeln, doch sie lindern die Blessuren des Geistes. Schon der simple Akt des Lesens schenkt ihm unermesslichen Trost. Das hat er gleich nach der Gründung der Bibliothek gemerkt. Er liebt es, zwischen den Seiten zu flanieren. Endlos zu blättern. Sich in den Punkten und Kommas zu verlieren. Unbekannte Welten zu erkunden.

»Bücher beherrschen nicht. Sie geben. Sie schränken nicht ein. Sie erweitern den Horizont.«

Ich frage ihn, welche Art von Büchern er am liebsten mag. Im Grunde, antwortet er, interessiert er sich für fast alles. Sein Lesespektrum ist breit gefächert, es reicht vom politischen Islam über arabische Dichtung bis hin zu Psychologie. Als Beispiel nennt er ein Buch des Amerikaners Anthony Robbins, dessen Titel er vergessen hat, aber in dem es um persönliche Entfaltung geht, um die Suche nach dem Ich und die Entwicklung einer eigenen, stabilen Identität. Genau das Gegenteil von dem, was er unter Assad erlebt hat. Eine arabische Übersetzung des Werks wurde aus den Trümmern einer verlassenen Villa in Daraya geborgen.

»Dieses Buch zu lesen hilft mir dabei, positiv zu denken und negative Gedanken zu verscheuchen. Das ist es, was wir im Moment am nötigsten brauchen.«

Und was ist mit den anderen regelmäßigen Nutzern der Bibliothek? Was lesen sie? Für welche Themen interessieren sie sich? Zu Beginn, erklärt mir Abu el-Ezz, mussten sich alle erst einmal orientieren, sich herantasten. Ein Buch ist wie eine kostbare Reliquie, die man zum ersten Mal betrachtet, das kann durchaus einschüchternd wirken. Die Neugierigen nehmen ohne großes Zögern aufs Geratewohl Bücher aus dem Regal. Die Schüchterneren sind vorsichtiger, erschrecken schon beim Gedanken daran, einen der Umschläge zu berühren. Aber dank der Mundpropaganda heben sich einige Titel rasch von der Masse ab. Weil die anderen sie lesen. Weil sie in Mode geraten. Denn auch die Mode widersteht dem Krieg.

»So haben die meisten unserer Besucher den *Alchimisten* gelesen«, erklärt mir Abu el-Ezz.

»*Der Alchimist* von Paulo Coelho?«

»Ja, das ist eines ihrer Lieblingsbücher. Sie leihen es einander aus und geben es immer weiter. Manche haben es auch schon mehrmals gelesen.«

Dass der internationale Bestseller dermaßen ihr Interesse geweckt hat, liegt daran, dass er in einfachen Worten etwas beschreibt, was ihnen vertraut ist: die eigenen Grenzen zu überschreiten. Sie erkennen sich in jenem spanischen Hirten wieder, der sich in Coelhos Buch auf die Suche nach seiner »persönlichen Legende« macht, eine Reise, die ihn von Andalusien bis zu den ägyptischen Pyramiden führt. Die jungen Revolutionäre lesen das Buch wie ein Echo ihrer eigenen gefährlichen Odyssee. Sie klammern sich daran wie an einen Kompass. Vielleicht weil es einen in ihren Augen ganz besonders kostbaren Schatz enthält: die Vorstellung von grenzenloser Freiheit.

Doch zur heilenden Bibliotherapie gesellt sich auch der unbändige Drang, die verlorene Zeit aufzuholen. Die Generation von Abu el-Ezz, die nichts anderes gekannt hat als die abgeriegelte Diktatur der seit Beginn der Sechzigerjahre herrschenden Baath-Partei, ist beseelt vom Willen zur Veränderung.

»Den meisten Lesern geht es wie mir, sie haben vor dem Krieg nicht gern gelesen. Und jetzt müssen die jungen Leute von Daraya plötzlich alles lernen. Fast so, als begännen wir noch einmal ganz von vorn. Darum werde ich in der Bibliothek auch oft nach Büchern über die ›Demokratie‹ gefragt.«

»Demokratie«, dieses einst verpönte Wort, ist inzwischen in aller Munde. Ein weiteres sehr erfolgreiches Buch in den Regalen ist daher *Al-Muqaddima,* die »Einleitung« zum *Buch der Beispiele,* dem siebenbändigen Werk von Ibn Khaldun.

»Jeder unserer Nutzer hat irgendwann in diesem Wälzer geblättert, in dem der tunesische Historiker aus dem vierzehnten Jahrhundert versucht, von seinen eigenen Erfahrungen ausgehend, die Gründe für den Aufstieg und Fall der arabischen Dynastien zu bestimmen.«

In dieser von postrevolutionärer Unsicherheit geprägten Zeit, in der die zukünftige Gestalt Syriens so viele Fragen aufwirft, bietet der Vorläufer der modernen Soziologie ihnen zwar keine Lösungen, aber zumindest Denkanstöße zu solch fundamentalen Themen wie Staatsführung, Machtkämpfen oder wirtschaftlicher Entwicklung.

Während ich Abu el-Ezz' Worten lausche, wird mir bewusst, wie sehr die Bücher den Menschen in Daraya dabei helfen, sich an andere Orte zu versetzen. Kein eingeschränkter Blick, keine Zensur, stattdessen eine neue Welt voller Worte, Geschichten und Gedanken. Sie lassen sich davon inspirieren, machen sich manches zu eigen. Aus all den Erzählungen schöpfen sie jene intellektuelle Nahrung, die man ihnen viel zu lange vorenthalten hat.

Bevor ich mich von ihm verabschiede, frage ich ihn, ob er vorhat, wieder in der Bibliothek zu arbeiten.

»Natürlich!«, antwortet er, als sei das eine Selbstverständlichkeit.

Für ihn bedeutet dieser Ort nicht nur Heilung, sondern auch die Gelegenheit zu einer Atempause. Eine hoffnungsvolle Seite im dunklen Roman seines Landes.

In den darauffolgenden Tagen erscheinen Dutzende Leser auf meinem Bildschirm. Einer nach dem anderen erzählt mir von seiner Lektüre, als würde vor meinen Augen ein Pergament entrollt. Stundenlang reden sie über die Liebesgedichte Nizar Qabbanis und die Schriften des syrischen Theologen Ibn Qayyim. Sie teilen mit mir ihre neu erwachte Liebe zu den Dramen Shakespeares und Molières. Zu den Romanen von Marcel Proust und denen des Südafrikaners J. M. Coetzee. Zu Kinderreimen. In zärtlichen Worten sprechen sie von Saint-Exupérys *Kleinem Prinzen*. Loben die dicken Medizinbücher, die ihnen dabei helfen, die Verletzten zu versorgen. All diese vor dem Krieg geretteten Werke, die sie aufs Geratewohl aus den Regalen der neuen Bibliothek nehmen. Vielstimmige Texte, jeder einzelne davon ein Fenster, das sich an den Grenzen Darayas einen Spalt weit öffnet. Ich höre, wie ihre fernen Stimmen im Artilleriefeuer untergehen. Ungerührt erklären sie, dass die Bücher ihre neuen Schutzwälle seien. Dass sie ganze Passagen auswendig gelernt haben. Dass sie vor der Revolution nicht eine Zeile daraus hätten wiedergeben können. Dass der blutige Konflikt in Syrien ihnen paradoxerweise die Bücher nähergebracht hat.

In diesem Freiraum, den sie sich geschaffen haben, ist das Lesen ihr neues Fundament. Sie lesen, um etwas über die im Dunkeln gehaltene Vergangenheit zu erfahren. Sie lesen, um sich zu bilden. Um nicht verrückt zu werden. Um dem Alltag zu entfliehen. Die Bücher sind ihr Ventil. Eine Melodie der Worte gegen das Diktat der Bomben. Das Lesen, dieser so banale menschliche Akt, hält in ihnen die wahnwitzige Hoffnung auf eine Rückkehr des Friedens lebendig.

Im Schatten des Krieges können die Sätze erneut zum Leben erwachen. Sie setzen ein Zeichen des Überdauerns, wenn alles zum Untergang verdammt ist. Sie sind erfüllt von Worten der Weisheit, der Hoffnung, der Wissenschaft, der Philosophie, die ein Bollwerk bilden gegen den Sprengstoff. Sorgfältig geordnet und in den Regalen aneinandergereiht, sind diese Worte unverrückbar, sie halten stand, triumphierend, beharrlich, tapfer, glaubwürdig, wahrhaftig. Sie bieten Denkanstöße, wahre Sturzbäche an neuen Ideen und Geschichten, die den Menschen helfen, der Wirklichkeit zu entfliehen. Die ganze Welt zum Greifen nah.

Ihr Widerstandskampf mithilfe von Büchern ist faszinierend. Er erinnert mich an die iranische Friseurin, die ich vor fünfzehn Jahren im vorwiegend von Arbeitern bewohnten Süden Teherans kennengelernt habe und die ihren Schönheitssalon in einen Ort verwandelt hatte, an dem Frauen lasen. Oder an das Bücherfahrrad, dem ich eines Tages im Kairoer Stau begegnet bin und das es sich zum Ziel gesetzt hatte, das Bildungsniveau der Bevölkerung durch Lesen anzuheben. Bücher, diese Sedimente der Erinnerung, die sich allen Zwängen widersetzen. Den Zwängen der Zeit. Der Unterdrückung. Der Unwissenheit.

Ihr papierner Kampf liegt mir umso mehr am Herzen, als er meine eigene Sucht widerspiegelt. Ich bin eine Büchernärrin und weiß noch genau, wie mich bei meinem ersten Besuch in der so oft zerstörten und niedergebrannten Bibliothek von Alexandria ein Schauer überlief. Wie ich von einem Kurztrip nach Marokko träumte, nachdem ich gelesen hatte, dass die noch ältere Bibliothek von Fes restauriert worden war. Bibliotheken haben etwas gleichermaßen Subversives wie Beruhigendes. Ich bin schon immer gern zwischen den Regalreihen herumgewandert, habe den Geruch des alten Papiers eingeatmet und dem Flüstern der Seiten gelauscht.

In Istanbul, einer Stadt, die über herrliche Bibliotheken verfügt, ist die Märchenstunde im Institut Français meiner Tochter Samarra und mir heilig. Wir verpassen keine einzige davon. Zu Hause ist es sogar eine von Samarras Lieblingsbeschäftigungen geworden: Am Wochenende setzt sie in ihrem Zimmer ihre Puppen in eine Reihe, sucht ein paar Geschichten aus und spielt »Institut Français«. Ich zitiere gern jene kürzlich veröffentlichte Studie der Weltbank, die besagt, dass Menschen, die Bücher lesen, länger leben und glücklicher sind. Zwar enthalten Bücher nicht den Schlüssel zum Glück, aber womöglich verfügen sie zumindest über die Macht, die Menschen an dieses Glück glauben zu lassen.

Unbewusst folgen Ahmad und seine Freunde in der Düsternis von Daraya dem gleichen Instinkt, dass die Kultur unser Überleben sichert.

Eine universelle Bibliotherapie, sowohl in friedlichen Zeiten wie auch im Krieg.

Während die Konturen der Bibliothek sich immer deutlicher abzeichnen, sammle ich weiter E-Mails, Textnachrichten und Fotos, um mir die Stadt besser vorstellen zu können, in deren Untergrund sie sich verbirgt. Ich sortiere die Abbildungen, füge sie zusammen, notiere Daten, bemühe mich, alle Details zu erfassen, entziffere die Motive und Logos, halte nach jedem noch so kleinen geografischen Hinweis Ausschau.

Auf Google Maps gleicht Daraya von fern betrachtet jeder anderen Vorstadt im Nahen Osten: wie Legosteine aneinandergereihte triste, graue Häuserblocks. Aus der Nähe jedoch sind es bloß noch ausgezehrte Gerippe. Schlimmer noch, ein Schuttberg neben dem anderen, aus denen verrostetes Blech und zerbrochene Scheiben hervorragen.

Nach und nach nimmt der Grundriss der belagerten Enklave Gestalt an. Daraya, ein Freiluftgefängnis nur sieben Kilometer südwestlich von Damaskus. Im Westen Muadamiya, ein weiterer aufständischer Vorort, ebenfalls vom Regime eingekesselt. Im Norden der Militärflughafen Mezzeh, Sitz des Luftwaffengeheimdienstes, den Assads Soldaten der Vierten Division bis zum Äußersten verteidigen wollen.

Ich schlage ein Wörterbuch auf. *Daraya* bedeutet auf Altsyrisch »viele Häuser«. Welche Ironie des Schicksals, dass diesen Namen eine Stadt trägt, in der nur noch so wenige Gebäude unversehrt stehen. Manchmal ist die Wucht der Explosionen so groß, dass sie ganze Krater mitten in die Fahrbahn reißen. Was mir auf all den Bildern auch auffällt, sind die menschenleeren Straßen. Heruntergelassene Eisengitter vor den Türen, verlassene Schulen, Bäckereien, die den Betrieb eingestellt haben. Daraya, eine Geisterstadt, aus der die meisten Bewohner fortgezogen sind. Waren es vor der Revolution noch zweihundertfünfzigtausend, so sind jetzt bloß noch rund zwölftausend übrig, erklärt mir Ahmad, davon etwa zweitausend Kämpfer. Jedes Mal, wenn er sich per Skype oder WhatsApp meldet, bestürme ich ihn mit Fragen. Nach der Farbe des Himmels. Nach dem Klang des Krieges. Nach dem Geruch des Sprengstoffs. Er verfügt über eine unglaubliche Geduld. Seine bei unseren ersten Gesprächen kaum vernehmbare Stimme ist inzwischen fester geworden. Seine Worte kommen weniger zögerlich, seine Sätze sind flüssiger. Man spürt die Kraft, die ihn beseelt, wenn er über seine Stadt spricht.

Wenn die Verbindung wieder einmal unter der Wucht einer Detonation zusammenbricht, verharrt seine Stimme noch eine Weile, erfüllt stockend mein Istanbuler

Büro mit kurzen, zusammenhanglosen Wörtern, stemmt sich gegen das Donnern der Hubschrauber, nutzt die seltenen ruhigen Momente, um einen vollständigen Satz zu übermitteln. Stundenlang erzählt mir Ahmad von Daraya. Von seiner Vielfalt. Von seinen beiden Kirchen, in denen die christliche Minderheit unbehelligt ihren Glauben praktizieren konnte. Von seinen berühmten weißen Trauben mit den länglichen, süßen Beeren. Von seinen Feldern, die so fruchtbar sind, dass das Regime sie wieder unter seine Kontrolle bringen will. In diesem landwirtschaftlich geprägten, für seinen lieblichen Wein berühmten Vorort sind mittlerweile sogar die Blütenknospen vom Aussterben bedroht.

Mir kommt der von dem Architekten Bogdan Bogdanović zur Zeit der Jugoslawienkriege geprägte Begriff »Urbizid«, Städtemord, in den Sinn. Denn genau das geschieht hier: die Vernichtung einer Stadt mit allen Mitteln. Während wir ohnmächtig zusehen, setzt sich die Zerstörungsmaschinerie in Gang. Sie walzt Träume nieder, verschlingt Landschaften, macht alles auf ihrem Weg dem Erdboden gleich, um ihr eigenes Schema durchzusetzen. Physische, geografische und demografische Zerstörung. Gewaltsames Auslöschen, eine klassische Vorgehensweise aller Tyrannen dieser Welt, die sich nun auch der Rais von Damaskus zu eigen gemacht hat.

»Aber wieso richtet sich seine blinde Zerstörungswut gegen Daraya?«

Diese Frage stelle ich Ahmad eines Abends bei einem unserer Gespräche.

Warum ist das Regime so versessen darauf, gerade diese Stadt im Umland von Damaskus in ein Experimentierfeld des Schreckens zu verwandeln?

Langsam schüttelt er den Kopf, lässt sich Zeit, bevor er antwortet.

»Weil Daraya anders ist als andere Städte.« Dann fügt er hinzu: »Um Darayas zivilen Widerstand zu verstehen, dessen Anfänge weit vor die Revolution zurückreichen, muss man seine Vergangenheit kennen.«

Und Ahmad beginnt mir von seiner Stadt zu erzählen.

Es waren die Neunzigerjahre. Nur langsam erholte sich das Land von einem Massaker, welches das Regime von Hafis al-Assad 1982 in der Stadt Hama verübt hatte. Dieses Drama, mit dem ein versuchter Aufstand der Muslimbrüder niedergeschlagen werden sollte, endete mit dem Tod von zehn- bis dreißigtausend Menschen, die genaue Zahl der Opfer konnte nie ermittelt werden. Trotz dieser Dimensionen wurden die Ereignisse rasch unter den Teppich gekehrt und totgeschwiegen. Handys und Internet gab es noch nicht, die Regierung verfügte über das Informationsmonopol. Doch schon allein die Gerüchte über das Gemetzel hatten genügt, um jenes System der Angst zu stärken, das die alawitische Assad-Dynastie seit ihrer Machtergreifung 1970 errichtet hatte. In Daraya, der Stadt der »vielen Häuser«, zweihundertachtundzwanzig Kilometer von Hama entfernt, redeten die Menschen hinter vorgehaltener Hand darüber, nachdem die Türen verschlossen, die Vorhänge zugezogen und die Kinder ins Bett gegangen waren. Wie überall in Syrien wurde das Wort

»Regime« nur im Flüsterton ausgesprochen. Untereinander machten die Syrer lediglich vorsichtige Andeutungen auf die »Sicherheit« (*amn*) oder den »Staat« (*dawla*). Sobald der Morgen graute, verschlang die Nacht die Worte, und jeder verfiel erneut in Schweigen.

Doch Ende der Neunzigerjahre durchbrachen etwa dreißig Aktivisten aus Daraya verstohlen die Mauer der Angst. Sie hatten sich alle in derselben Moschee kennengelernt, die sie heimlich besuchten, einer der wenigen Orte, die ihnen einen vorübergehenden Ausweg boten. Dort predigte ein fortschrittlicher Imam. Im Schneidersitz saßen sie um ihn herum, studierten den Koran und lasen die verbotenen Bücher religiöser Dissidenten. Vor allem befassten sie sich stundenlang mit den Schriften von Jawdat Said, einer Art syrischem Mahatma Gandhi, der als einer der ersten muslimischen Denker den Begriff der Gewaltfreiheit proklamiert hatte. Im Gegensatz zu dem »Terroristen«-Etikett, mit dem die Gruppe später belegt werden sollte, vertraten die Männer ein von Austausch und Toleranz geprägtes Sunnitentum, und ihre einzigen Waffen waren ein paar Bücher, die sie sich insgeheim beschafft hatten.

Eines Tages beschlossen sie, ihren Worten Taten folgen zu lassen, und begründeten eine Reihe öffentlicher Initiativen, zu denen sie durch ihre Lektüre inspiriert worden waren: Umweltschutzkampagnen, Aufrufe in den Vierteln zur Reinigung der Straßen, Bekämpfung der Korruption … Mithilfe der Bücher hatte in Daraya eine neuartige zivile Bewegung das Licht der Welt erblickt.

Als das Massaker von Hama verübt wurde, war Ahmad noch nicht geboren. Und in den Neunzigerjahren war er zu klein, um sich aus eigener Anschauung an diese jungen Männer zu erinnern. Doch wenn er von jener glorreichen Zeit spricht, sind seine Schilderungen so präzise wie die eines aufmerksamen Schülers. »Paradoxerweise hat die Belagerung uns die Tür zu unserer Vergangenheit geöffnet. Ich habe seit 2012 sehr viel gelernt«, verrät er mir.

Diesen Nachhilfekurs zur jüngeren Geschichte seiner Stadt verdankt er einem gewissen Muhammad Shihadeh, einem siebenunddreißigjährigen Gefährten aus der belagerten Stadt. Ahmad und seine Freunde nennen ihn »Ustaz« (»Lehrer«), weil er ihnen in den unterirdischen Bibliotheksräumen Englisch beibringt. Zugleich ist diese Bezeichnung auch ein Ausdruck ihres Respekts für den älteren Mann, der zu den wichtigsten Mitgliedern jener berühmten Gruppe gehörte, die unter dem Namen »Shabab Daraya« (»Die Jugend von Daraya«) bekannt wurde. Zwischen zwei Fassbomben, manchmal mitten in der Nacht, öffnet Ustaz ihnen sein Herz und erzählt von früher. Er beschreibt die behutsamen Anfänge des gewaltfreien Widerstands, seine diskrete Auflehnung gegen das Regime, lange bevor der Arabische Frühling auf Syrien übergriff. Ahmad kann gar nicht genug davon hören. In gewisser Weise ist Ustaz der Mentor, von dem er immer geträumt hat. Einer jener Wissensvermittler, die der Assad-Clan nie geduldet hat. Nicht Hafis, der Vater, und auch nicht Baschar, der Sohn, dessen kurzlebiger, auf seine Machtübernahme folgender Damaszener Frühling schon bald von den Stiefeln der Repression niedergetrampelt wurde. Stundenlang berichtet Ustaz mit der Geduld eines alten Weisen von den enttäuschten Hoffnungen, den gescheiterten Versuchen, etwas zu verändern, und der Beharrlichkeit der Aufständischen. Dank ihm zeichnet sich eine neue Welt am Horizont ab: eine Welt geprägt von Fragen, Austausch und Toleranz.

»Wir haben ihm viel zu verdanken«, sagt mein junger Gesprächspartner.

Er möchte ihn mir liebend gern vorstellen, und sei es nur durch das Fenster unserer virtuellen Unterhaltungen. Ein Versprechen, dessen Einlösung durch die ständigen Bombardements immer wieder zunichtegemacht wird. Daher bemüht er sich, mir wenigstens seine Ansichten zu vermitteln, während wir auf eine passende Gelegenheit während einer Feuerpause warten. Und als rezitierte er ein verbotenes Gedicht, taucht er ein in die Erinnerungen, die Ustaz mit ihnen geteilt hat. Ein nüchterner, präziser Bericht. Im Namen des Gedenkens.

Im April 2002 wird ein Vorfall zum Auslöser der ersten Demonstration in Daraya. Israelische Truppen haben das Flüchtlingslager Dschenin im Westjordanland gestürmt. Ustaz und seine Gefährten nehmen sich vor, die Bevölkerung zu mobilisieren. Aus Angst vor Repressalien wird es ein stummer Protest. Nur ein paar am ausgestreckten Arm getragene Plakate. Auf einigen davon wird die israelische Invasion angeprangert. Andere fordern einen »Wandel«. Viele der Parolen beruhen auf Koranversen. Getreu dem unterschwelligen Gedanken: »Gott kann dir nicht helfen, solange du dich selbst nicht änderst.« Dieser Überzeugung war auch Ustaz, wie er Jahre später Ahmad anvertraute: »Unser Problem war nicht Israel, und es war auch nicht unbedingt Assad. Unser Problem war unsere eigene Feigheit, unsere mangelnde Bildung, unser fehlender Mut, tatsächlich etwas zu bewegen.« An diesem Tag beteiligen sich über zweihundert Menschen, darunter ein Dutzend Frauen, am Demonstrationszug. Die Polizei hält sich abseits. Ohne einzugreifen. Vierzig der Diktatur gestohlene Minuten Freiheit. Ein unfassbarer Sieg über die Angst.

Ahmad redet, und ich schweige. Mit einer Mischung aus Neid und Bewunderung schöpft er aus dem Gedächtnis seiner Stadt. Seine detaillierten Schilderungen zeugen von dem Bestreben, aus der Erfahrung der anderen zu lernen …

Ein Jahr später, 2003, facht der amerikanische Einmarsch im Irak das Feuer der Demonstranten erneut an. Diesmal wird eine zivile Kampagne zum Boykott amerikanischer Zigaretten organisiert. Am 9. April gehen wieder zweihundert Menschen auf die Straße und protestieren mit einem Schweigemarsch gegen die Besetzung des Nachbarlands. Ausnahmsweise entspricht ihr Einsatz den Interessen des Regimes. Auch Damaskus lehnt die Operationen der Amerikaner ab. Der syrische Großmufti, dem enge Verbindungen zu den Machthabern nachgesagt werden, hat sogar eine Fatwa zugunsten des Dschihad im Irak ausgesprochen. Die Rebellen von Daraya fühlen sich bei ihrer Demonstration also sicher.

Doch in Damaskus wächst die Sorge angesichts dieses Elans innerhalb der Bevölkerung, der in den Augen der Regierung allmählich zu große Ausmaße annimmt. Nach einem Monat werden vierundzwanzig Aktivisten, die die Bewegung initiiert haben, festgenommen und wegen »versuchten Umsturzes« inhaftiert. Muhammad Shihadeh ist einer von ihnen. Und er bezahlt einen hohen Preis: Nach drei Monaten brutaler Verhöre wird er zu drei Jahren Haft im berüchtigten Gefängnis Saidnaya verurteilt. Es ist eine schmerzhafte, aber lehrreiche Erfahrung. Hinter Gittern lebt Ustaz auf engstem Raum mit Muslimbrüdern, Salafisten, aber auch aus dem Irak und Afghanistan zurückgekehrten Dschihadisten zusammen. Dieselben Dschihadisten, die Assad während der Revolution von 2011 ganz bewusst aus seinen Kerkern freilassen wird, während friedliche Demonstranten verhaftet werden. In der abgeschotteten Welt von Saidnaya begegnet Ustaz auch führenden Köpfen der Opposition, etwa dem Kommunistenchef Abdul Aziz al-Khair. Vor allem aber lernt er in Saidnaya, Zuflucht in Büchern zu suchen. Eine Erfahrung, die später seine jungen Freunde inspirieren wird, auch wenn er selbst nicht unmittelbar an der Gründung der Bibliothek von Daraya beteiligt ist.

2005 wird Muhammad Shihadeh sechs Monate vor Ablauf seiner Haftzeit entlassen. Der ehemalige libanesische Ministerpräsident Rafik Hariri ist in Beirut ermordet worden. Das syrische Regime, in dem man den Drahtzieher der Tat vermutet, sieht sich internationalem Druck ausgesetzt. Als Zugeständnis begnadigt es einige Gefangene. Und doch bleibt der Druck aus dem Ausland angebracht. Alle zwei Monate wird Ustaz vom Geheimdienst einbestellt. Er darf Syrien nicht verlassen. Die Universität verweigert ihm die erneute Immatrikulation. Doch er lässt sich davon nicht entmutigen. Mit seinem Abschluss in englischer Literatur wird er Übersetzer. Er verliebt sich, heiratet und gründet eine Familie. »Nicht nur ein Vorbild, sondern eine Quelle der Inspiration«, sagt Ahmad über ihn.

In Daraya vergehen mehrere relativ ruhige Jahre. Im März 2011, am Beginn des »Arabischen Frühlings«, erschüttert ein neuer Vorfall die Bevölkerung. In der syrischen Stadt Deraa haben Jugendliche »Bald bist du an der Reihe, Doktor« an die Wand ihrer Schule gesprüht. Angeregt durch den Sturz Ben Alis in Tunesien und Husni Mubaraks in Ägypten, richtet sich diese Botschaft unmittelbar an Baschar al-Assad. Die dreisten Teenager werden verhaftet und gefoltert, was ihre Eltern in tiefe Verzweiflung stürzt. Sehr schnell schwappt die Wut hinaus auf die syrischen Straßen. Getragen von jener ansteckenden Inbrunst, die die gesamte arabisch-muslimische Welt erfasst, schließen sich weitere Städte dem Aufstand an. Wie immer an der Spitze der Bewegung, gehört Daraya zu den ersten, die sich erheben. Am Freitag, dem 25. März, nimmt die ursprüngliche Gruppe aus den Neunzigerjahren den Protest wieder auf. Hastig ersinnt Ustaz eine der ersten Parolen: »Von Daraya nach Deraa, ein Volk in Würde«, rufen die Demonstranten im Chor. Die Menge wächst zusehends. Innerhalb einer Stunde haben sich schon Tausende über das Demonstrationsverbot hinweggesetzt. Ein Erfolg.

Die junge Generation tritt schnell in die Fußstapfen ihrer Vorgänger. Trotz des väterlichen Verbots schließt sich Ahmad ab der zweiten Kundgebung der Bewegung an. Er erinnert sich noch genau an sein »erstes Mal«. Sein entflammtes Herz. Seine heisere Stimme von zu viel Schreien. Seine Freude darüber, einfach nur dabei zu sein. So viele Bilder strömen in sein Gedächtnis. Von den Frauen, die Reis in die Menge werfen wie bei einer Hochzeit. Von den Kindern, die, den Blick in die Zukunft gerichtet, auf den Schultern ihrer

Eltern reiten. Von jenen Angehörigen der drusischen und der christlichen Minderheit, die gekommen sind, um eine Revolution zu unterstützen, die der Alawit Assad sogleich als »sunnitisch« bezeichnet, um die Gesellschaft zu spalten. Und von diesem Ruf des Herzens, den sie alle im Chor skandieren: »*Dschanna! Dschanna!*« (Paradies! Paradies!). Die Nachfolge des bürgerlichen Aufstands der Neunzigerjahre ist gesichert.

»Die Leute schrien aus tiefstem Herzen. Ein unglaubliches Gefühl. Wir bildeten eine Einheit gegen die Diktatur. Anfangs forderten wir nicht einmal den Sturz des Regimes, wir wollten lediglich mehr Gerechtigkeit, Gleichheit, eine Reaktion auf unsere Bedürfnisse. Doch dann schlug alles um in dieses Unbekannte.«

Als die ersten Kugeln pfeifen, verdoppeln die jungen Demonstranten ihre Kreativität: Sie schenken den Soldaten Rosen und Wasserflaschen, an deren Hals sie kleine Zettel gehängt haben: »Wir sind eure Brüder. Tötet uns nicht. Die Nation ist groß genug für uns alle.« Die Idee stammt von Ghiath Matar, einem sechsundzwanzigjährigen Schneider. Seine Botschaft verärgert das Regime. Sie widerspricht der offiziellen Propaganda, der zufolge es sich bei diesen Rebellenhorden um bis an die Zähne bewaffnete hasserfüllte religiöse Fanatiker handelt. Am 6. September 2011 wird Ghiath Matar verhaftet. Drei Tage später erhält seine Familie seine von Folterspuren gezeichnete Leiche zurück. Er wurde kastriert, man hat ihm die Kehle durchgeschnitten. Der Foltertod des jungen Mannes, dem Ahmad und seine Freunde den Spitznamen »kleiner Gandhi« gegeben haben, bildet nur einen traurigen Vorgeschmack auf die unaussprechliche Brutalität des Regimes.

Hinter den Mauern der »vielen Häuser« beginnen einige Bewohner sich heimlich zu bewaffnen. Es ist die Rede von Deserteuren innerhalb des Militärs, von einem geplanten Aufstand. Ahmad und ein Großteil der Rebellen von Daraya weigern sich, in die Falle der Gewalt zu tappen. Bei jeder neuen Versammlung lautet ihre Parole unweigerlich: »*Silmiye, silmiye* (friedlich, friedlich), und sollten sie jeden Tag Hunderte von uns töten.« Ganz im Sinne des zivilgesellschaftlichen Engagements von Ustaz und seinen damaligen Gefährten behalten sie ihren gewaltfreien Kurs bei: Sie wechseln einander beim Schutz öffentlicher Gebäude ab, nehmen an Diskussionsforen teil, gründen eine Untergrundzeitung namens »Enab Baladi« (»Die Trauben meines Landes«), um die Bevölkerung objektiv über ihr Schicksal zu informieren. Sie werden zu Experten für spontane Demonstrationen und verlegen ihre Protestzüge in die Nacht, wenn es tagsüber zu gefährlich wird. Selbst die Begräbnisse der »Märtyrer« dienen als Vorwand für Versammlungen. Aber das Regime bringt den Toten ebenso wenig Respekt entgegen wie den Lebenden. Im Februar 2012 platzen die Panzer des nahe gelegenen Luftwaffenstützpunkts Mezzeh mitten in ein Begräbnis. Etwa dreißig Menschen werden getötet.

»Dieses Ereignis hat sich tief in das kollektive Gedächtnis eingegraben. Die Leute sprechen heute noch davon als dem ›Schwarzen Samstag‹«, sagt Ahmad.

Und schließlich geschieht das Unvorstellbare. Am 25. August 2012 kehren die Panzer in die Stadt zurück. »Es war mitten im Ramadan«, erinnert sich Ahmad. Nach drei Tagen intensiver Bombardierung greifen die Soldaten des Regimes Daraya an. Straße für Straße. Haus für Haus. Wenn die Bewohner Widerstand leisten, werden sie draußen an der Hauswand aufgereiht und einzeln erschossen. Männer, Frauen, Kinder, ohne Unterschied. Eine kollektive Bestrafung für die Demonstranten. Für die Blumen und Wasserflaschen. Für die Reiskörner bei ihren Protestzügen. Für diese Odyssee des Friedens, deren Beginn in eine Zeit weit vor der Revolution zurückreicht. Ahmad, der sich in einem provisorischen Unterschlupf verkrochen hat, entdeckt erst drei Tage später, nach dem Abzug der Truppen, das Ausmaß des Massakers. Dutzende Opfer wurden im Hof einer Moschee zusammengetragen. Hastig errichtet man einen provisorischen Friedhof für etwa fünfhundert Märtyrer. »Tatsächlich beläuft sich die Zahl der Toten jedoch ohne Zweifel auf siebenhundert, wenn man all jene mitrechnet, die gleich dort begraben wurden, wo man sie hingerichtet hatte«, stellt Ahmad klar.

Ebenfalls nicht in der Zählung enthalten sind die zahlreichen Aktivisten, die während der Razzia festgenommen wurden und deren gefolterte Leichen drei

Jahre später in der Akte »Caesar« wiederauftauchten. »Caesar« lautet der Deckname eines ehemaligen Fotografen der Militärpolizei, der Tausende Leichen ablichtete, ehe er ins Ausland floh.

»Ich war am Boden zerstört. Ich erkannte meine Stadt nicht wieder. Mein Viertel«, sagt Ahmad.

Vor seinen entsetzten Augen flüchten nach dem Blutbad scharenweise Familien aus der Stadt. Aber der innere Kreis der Widerständler beschließt zu bleiben. Und sich zu organisieren. Im Oktober gründen sie einen Lokalrat. Einstimmig wird beschlossen, die beiden Brigaden der Freien Syrischen Armee, der Keimzelle einer bewaffneten Opposition, die kürzlich geschaffen wurden, um die Stadt zu verteidigen, diesem Gremium zu unterstellen. Noch eine Besonderheit des zivilen Engagements in Daraya.

Baschar al-Assad gefällt es nicht, wenn man sich ihm widersetzt. Am 8. November 2012 rächt er sich erneut, indem er Daraya von der Außenwelt abriegelt. Nach der Ankündigung dieser grausamen Strafe kommt es zu einer weiteren Fluchtwelle aus der Stadt. Auch Ahmads Eltern gehören dazu. Sie flehen ihn an, sie zu begleiten. Doch trotz der Angst vor dem Unbekannten beschließt der junge Aktivist zu bleiben.

»Man gibt eine Revolution doch nicht auf halbem Wege auf«, betont er nachdrücklich.

Er ahnt nicht, was ihnen noch bevorsteht. Im darauffolgenden Jahr, am 21. August 2013, schlagen mitten in der Nacht zwei Raketen in Daraya ein. Seltsamerweise folgt keine Detonation. Doch nach wenigen Minuten wird das Krankenhaus des aufständischen Vororts von Patienten überschwemmt, die alle die gleichen Symptome aufweisen: Krämpfe, verengte Pupillen, Atemnot. Wie auch andere Rebellenhochburgen im Umland von Damaskus ist Daraya zum Ziel eines Chemiewaffenangriffs geworden. Genau wie in Zamalka, Douma oder Muadamiya haben die Raketen ein hochgiftiges Gas freigesetzt, das der französische Geheimdienst bald darauf als Sarin identifizieren wird.

Unter Umgehung des Sicherheitsrates der Vereinten Nationen, der dem russischen und chinesischen Veto unterworfen ist, beschließen Paris, London und Washington Sanktionen gegen das syrische Regime, die notfalls auch Militärschläge beinhalten sollen. Nachdem das britische Parlament jedoch einen Einsatz in Syrien abgelehnt hat, nimmt auch der zunächst enthusiastische US-Präsident Barack Obama seine Zusage zurück und überlässt die Entscheidung dem Kongress. Bei der Abstimmung setzen sich die Gegner einer militärischen Intervention durch. Und so werden die syrischen Chemiewaffenbestände auf Vorschlag Russlands internationaler Kontrolle unterstellt, um anschließend vernichtet zu werden. Eine Vergeltungsmaßnahme aus Mangel an Alternativen, für die die Einwohner von Daraya einen hohen Preis bezahlen. Nach diesem berüchtigten Angriff verwandelt sich die aufständische Stadt in ein Experimentierfeld der Grausamkeiten. In dem Wissen, dass seine Verbrechen ungesühnt bleiben, verschärft Baschar al-Assad seine Unterdrückungsmaschinerie und umschließt das Leben Ahmads und der letzten Rebellen wie mit einem Schraubstock.

»Aber wir mussten standhalten. Durften uns nicht unterkriegen lassen. Wir mussten den von Ustaz vorgezeichneten Weg weitergehen«, fährt er fort.

Und so kommt ihnen Ende 2013 eines Tages wie selbstverständlich der Gedanke, die Bücher aus den Trümmern zu retten. Zunächst noch zögerlich, lässt sich Ahmad schließlich überzeugen. Wie könnten sie den Rais von Damaskus auch besser herausfordern als dadurch, dass sie seine Darstellung der Ereignisse Lügen strafen und sich weigern, in die Falle der Gewalt zu tappen?

Baschar al-Assad hatte sich vorgenommen, sie alle lebendig zu begraben. Ein Leichentuch über die Stadt und ihre letzten Bewohner zu breiten. Über ihre Häuser. Ihre Bäume. Ihre Trauben. Ihre Bücher.

Doch aus den Ruinen sollte eine Festung aus Papier erstehen.

Die geheime Bibliothek von Daraya.

Ein paar Tage später, Ende Oktober 2015, finde ich in meinem E-Mail-Postfach eine Nachricht von Ahmad mit dem Betreff »Benutzungsregeln der Bibliothek«. Und ich lese:

1. Kein Buch darf ohne die Erlaubnis des Bibliothekars ausgeliehen werden.
2. Vergessen Sie nicht, Ihre Bücher zum vorgegebenen Termin zurückzugeben.
3. Wer ein Buch mit zu großer Verspätung zurückbringt, darf keine weiteren Bücher mehr ausleihen.
4. Vermeiden Sie es, die anderen Nutzer zu stören, und verursachen Sie keinen Lärm.
5. Halten Sie die Bibliothek sauber.
6. Bitte stellen Sie die ausgeliehenen Bücher an den Platz zurück, von dem Sie sie weggenommen haben.

In einem Post Scriptum erklärt mir Ahmad, dass diese Regeln auf einer A4-Seite ausgedruckt und für alle gut sichtbar an einen Pfeiler am Eingang des Kellers geklebt wurden.

Diese jungen Männer sind einfach unglaublich. Mitten im Chaos ist ihre Bibliothek ein Reich ohne Grenzen. Eine Aneinanderreihung von Kontinenten. Ein geheimes Versteck, in dem die Bücher ohne Passierschein oder kugelsichere Weste von Hand zu Hand gehen. Es ist ihnen gelungen, an diesem geschützten Ort ein Gemeinschaftsgefühl zu schaffen, gepaart mit einem ausgeprägten Sinn für Moral und Disziplin. Zweifellos ist es das, was ihnen dabei hilft, unter diesen Bedingungen durchzuhalten. Der Gedanke, etwas gemeinsam zu leben. Und auch ein gewisses Gefühl von Normalität, das die Gewalt auf Distanz hält. Was mich jedoch verwundert, ist die Tatsache, dass selbst Kämpfer der Freien Syrischen Armee regelmäßig die Bibliothek besuchen …

»Unser treuester Nutzer ist ein Rebell. Er verschlingt die Bücher geradezu. Er liest alles, was ihm in die Finger kommt. Meine Freunde und ich nennen ihn ›Ibn Khaldun‹, weil er sich ständig in die Werke des berühmten tunesischen Historikers vergräbt«, erklärt Ahmad lachend.

Am nächsten Morgen stellt Ahmad mir Omar Abu Anas alias Ibn Khaldun vor. Die gleiche Anordnung wie sonst auch. Ein Computer. Davor zwei einander gegenüberstehende Stühle. Und im Hintergrund das Rattern der Geschosse.

»*Ahlan wa sahlan*«, begrüßt mich Omar.

Er spricht einen sehr reinen syrischen Dialekt, fast schon Hocharabisch. Als hätte die Lektüre der großen Gelehrten auf seinen eigenen Wortschatz abgefärbt. Zwischen zwei Pixelwolken sehe ich sein Gesicht mit dem schmalen Bart. Und ich höre aufmerksam zu, unterstützt von einer befreundeten Übersetzerin, deren Sprachkenntnisse mir eine unschätzbare Hilfe sind.

Auch Omar wollte ursprünglich Ingenieur werden. Das war vor der Revolution. Bevor der Konflikt sein Leben aus der Bahn warf.

»Als die Soldaten des Regimes auf uns zu schießen begannen, mussten wir doch die Demonstranten beschützen. Also habe ich mein Studium aufgegeben und mich freiwillig zum Kampf gemeldet. Es war das erste Mal, dass ich eine Waffe in der Hand hielt.«

Mit vierundzwanzig Jahren gehört Omar zu den Rebellen der Liwa Shuhada al-Islam, neben Ajnad al-Sham eine der beiden Brigaden der Südfront der Freien Syrischen Armee. Der junge Kämpfer wider Willen ist eines der zahllosen Kinder Darayas zwischen achtzehn und achtundzwanzig, die sich von einem Tag auf den anderen an der Front wiederfinden. Im Gegensatz zu ihren Befehlshabern, Überläufern aus der regulären syrischen Armee, verfügen sie über keinerlei Kriegserfahrung. Manchmal teilen sich einstige Kommilitonen oder Wohnungsnachbarn bei ihrem Kampf gegen die Bomben und Kampfpanzer zu dritt eine einzige Waffe.

Liwa Shuhada al-Islam bedeutet übersetzt »Brigade der Märtyrer des Islam«. Ein Name, der Verwirrung stiftet.

»Betrachtest du dich als Dschihadisten?«

Ich provoziere ihn absichtlich. Ebenso sehr aus Neugier wie aus Sorge um Objektivität. Und aus dem Bedürfnis heraus, angesichts der wiederholten Beschuldigungen aus Damaskus hinter die Fassade zu schauen. Auf meine Frage folgt ein langes Schweigen. Seine Miene hat sich verdüstert. Ich vermute schon, ich hätte ihn gekränkt. Dann atmet Omar tief ein, bevor er bedächtig zu einer Erklärung ansetzt.

»Ich habe mich dazu entschieden, das Regime zu bekämpfen, um mein Land zu verteidigen. Meine Heimat. Mein Recht auf Freiheit. Ich stand nicht vor der Wahl, ob ich kämpfen wollte oder nicht. Es war eine

Notwendigkeit. Aus Respekt vor der Vielfalt. Wenn Ihre Freunde vor Ihren Augen niedergeschossen werden, bloß weil sie ein Stück Karton in die Höhe gehalten haben, auf dem sie Veränderungen fordern, was bleibt Ihnen da noch, außer dem Wunsch, die anderen Demonstranten zu beschützen? So hat alles angefangen, leider. Und dann haben die Bomben des Regimes die Spirale der Gewalt in Gang gesetzt.«

Seine Worte sind völlig klar, frei von dem üblichen provozierenden, ideologischen Jargon, an den uns die Dschihadisten gewöhnt haben. Zu keinem Zeitpunkt verweist Omar auf die »Größe Allahs«, die »Rache des Islam« oder die »Verschwörung der Kreuzzügler«, Formulierungen, die von islamistischen Fanatikern in ihren Reden und Interviews gern verwendet werden. Tatsächlich spricht aus seinen Sätzen die gleiche Arglosigkeit wie aus den revolutionären Parolen des Jahres 2011. Der Wunsch nach Freiheit, der Griff zu den Waffen, um sich zu schützen. Auf der anderen Seite des Bildschirms spricht Omar weiter: »Und was den Dschihad angeht … Denjenigen, die unser Ansehen zu beschmutzen suchen, indem sie uns als verrückte Gotteskrieger darstellen, erwidere ich Folgendes: Wir sind Muslime. So ist das einfach. Es ist unsere Kultur. Aber wir verwahren uns gegen jede Usurpation der Religion. Sei es durch die Nusra-Front, den syrischen Ableger von al-Kaida, oder durch den Islamischen Staat … Diese Leute vertreten nicht unsere Überzeugungen. Sie verzerren sie! Vergessen Sie nicht, dass die Revolution mit Forderungen nach mehr Gerechtigkeit und Achtung der Menschenrechte begonnen hat, nicht mit Appellen an den Islam.«

Ich möchte wissen, wann genau die Bücher eine solch herausragende Bedeutung in seinem Leben gewonnen haben. War es bei der Eröffnung der Bibliothek? Bei der Lektüre einer ganz bestimmten Passage?

»Das war, als ich erkannte, dass der Krieg noch Jahre dauern könnte. Als mir klar wurde, dass wir uns nur auf uns selbst verlassen können.«

Von diesem Moment an sollten Bücher die Universität ersetzen, die es für ihn nicht mehr gab: Er musste sich selbst weiterbilden. Jene Leere ausfüllen, die die Fanatiker ausnutzen könnten, um ihre rückständigen Vorstellungen durchzusetzen.

»Die Bücher hatten sehr schnell einen nachhaltigen Einfluss auf mich: Sie haben mir geholfen, mich selbst nicht zu verlieren.«

Und so begann Omar alles zu verschlingen, was ihm in die Hände fiel.

»Ich verehre Ibn Khaldun. Ich habe viele politische und theologische Werke gelesen. Aber ich interessiere mich auch für westliche Bücher über internationales Recht und Gesellschaftswissenschaften. Andere Denkweisen kennenzulernen ist der einzige Weg, wie wir uns auf die Errichtung eines neuen politischen Systems vorbereiten können.«

Seitdem lebt er gewissermaßen zwei Leben, aufgespalten zwischen Krieg und Literatur. Die Kalaschnikow in der einen Hand, ein Buch in der anderen. An der Front hat er sogar seine eigene Mini-Bibliothek zusammengestellt: ein knappes Dutzend sorgsam aufgereihter, hinter Sandsäcken gesicherter Bände. Und weitere aufständische Kämpfer sind seinem Beispiel gefolgt. Wenn die Bomben schweigen, tauschen sie Bücher aus und geben einander Lektüretipps.

»Der Krieg ist pervers, er verändert die Menschen, er tötet die Emotionen, die Ängste, die Furcht. Wenn man in den Krieg zieht, sieht man die Welt anders als zuvor. Das Lesen lenkt uns ab, es hält uns am Leben. Wenn wir lesen, dann vor allem, um Menschen zu bleiben.«

Für Omar entspringt das Lesen einem Überlebensinstinkt, es ist ihm ein essenzielles Bedürfnis. Sooft er Heimaturlaub bekommt, eilt er auf direktem Weg in die Bibliothek, um neue Bücher auszuleihen. Die Bücher leben in ihm, sie lassen ihn nicht mehr los. Wenn er nachts allein mit seiner Waffe im Dunkeln sitzt, dann liest er. Er glaubt an die Bücher, er glaubt an die Magie der Worte, er glaubt an die heilsamen Auswirkungen des Geschriebenen, diesen Verband auf der Seele, diese geheimnisvolle Alchemie, die einen in eine reglose, stillstehende Zeit entfliehen lässt. Wie die Kiesel des kleinen Däumling führt ein Buch zum nächsten. Man strauchelt, geht weiter, bleibt stehen, macht sich erneut auf den Weg. Man lernt. Jedes Buch, sagt er, birgt eine Geschichte, ein Leben, ein Geheimnis.

»Und hast du unter all den Büchern, die du bisher gelesen hast, ein Lieblingsbuch?«

»*Al-Qawqa'a*«, antwortet er, ohne zu zögern.

Al-Qawqa'a! Die Muschel. Ich kenne den Roman. Ich habe ihn vor der Revolution gelesen. Er ist erschütternd. Grauenvoll. Der syrische Christ Mustafa Khalifa hat ihn nach zwölf Jahren Haft im »Wüstengefängnis«, dem berüchtigten Kerker von Palmyra, verfasst. Eine Erzählung in der ersten Person, gespickt mit entsetzlichen Beschreibungen der Barbarei der Wärter, der Folter und des Albtraums seiner Gefangenschaft unter der Herrschaft von Hafis al-Assad. Es wundert mich, dass Omar den Mut aufgebracht hat, eine derartige Chronik des Schreckens zu lesen. Als sähe er nicht selbst jeden Tag genug davon …

»Unter Assad, erst dem Vater, dann dem Sohn, war das Buch verboten. Die Zensur sorgte dafür, dass wir kaum etwas über die wahre Brutalität des Regimes erfuhren. Die meisten von uns haben sie erst zu Beginn der Revolution kennengelernt, als Assads Schergen auf uns losgingen. Heute ist es für uns wichtig, in die Vergangenheit zu blicken. Wenn Zweifel und Hoffnungslosigkeit uns zu überwältigen drohen, ruft das uns wieder in Erinnerung, warum wir kämpfen.«

Trotz des grausamen Inhalts der *Muschel* hat Omar eine besondere Beziehung zu diesem Buch entwickelt. Es öffnet ihm die Tür zur geheim gehaltenen Vergangenheit seines Landes. Lesen als Mittel gegen diejenigen, die die Erinnerung auslöschen, gegen die Beherrscher des einzig erlaubten Denkens. Später werde ich erfahren, dass das einst verbotene Buch inzwischen eines der am häufigsten gelesenen Werke in Daraya ist. Das Buch liegt den Einwohnern der Stadt umso mehr am Herzen, als es im Haus des Dissidenten Yahya Shurbaji gefunden wurde, ein Freund von Ustaz und Mitglied der Gruppe aus den Neunzigerjahren. 2011 war er zur gleichen Zeit verhaftet worden wie Ghiath Matar, der »kleine Gandhi« von Daraya. Seitdem hat seine Familie nichts mehr von ihm gehört. Aber sein Name ist immer noch in aller Munde. Und getreu der in der Bibliothek begründeten Tradition prangt er deutlich sichtbar auf der ersten Seite seines Buchs.

Wenn Omar dieses Buch so sehr schätzt, dann auch deshalb, weil es seine eigene Situation widerspiegelt. Wie überlebt man in einem verschlossenen Raum? Wie erträgt man die erzwungene Abkapselung?

Er will mir unbedingt einen Abschnitt daraus vorlesen:

»Ich lasse die Vergangenheit an mir vorüberziehen und träume von der Zukunft. Diese Wachträume sind mir zur Gewohnheit geworden. Sie bereiten mir große Freude, sie sind meine Droge. Stück für Stück konstruiere ich den Traum, füge all die kleinen Details hinzu, bilde sie ab, korrigiere. Stundenlang sitze oder liege ich da, in den Traum versunken, und vergesse die Realität um mich herum: Ich versetze mich in eine Wirklichkeit, in der alles schön und einfach ist.«

Noch ganz gefangen von seiner Lektüre, hebt Omar den Kopf.

»*Die Muschel* ist der Spiegel, in dem ich mich selbst erkenne: eine Schutzhülle, mit der man sich umgibt, um das Schlimmste ertragen zu können, ein Panzer, in den man sich verkriecht, um sich vor der Gefahr zu schützen.«

Sein unerschütterlicher Glaube an Bücher erinnert an die vielen Zeugnisse und Briefe von Soldaten aus dem Ersten Weltkrieg. An den ENS-Absolventen Marcel Étévé etwa, der an der Front in zwei Jahren achtzig Bücher verschlang. An den Gebirgsjägerhauptmann Robert Dubarle, dessen Frau ihm unablässig neuen Lesestoff in die Schützengräben schickte. An die berühmte Société Franklin, die die Einrichtung von dreihundertfünfzig Bibliotheken in den Kasernen finanzierte. Lesen, um der Wirklichkeit zu entfliehen. Lesen, um sich selbst wiederzufinden. Lesen, um zu existieren …

Für die jungen Männer von Daraya ist es noch mehr als das. Dort, in der syrischen Enklave, ist Lesen zugleich ein Akt des Widerstands. Das sichtbare Zeichen einer Freiheit, derer sie so lange beraubt waren.

Paradoxerweise ist das Spektrum ihrer Lektüre trotz der Belagerung der Stadt sehr viel breiter als das der Soldaten von 1914 bis 1918, deren Bücher damals regelmäßig vom militärischen Kommando überprüft wurden, welches darauf bedacht war, die Gedanken zu kontrollieren und mögliche Kriegsdienstverweigerer abzuschrecken. In Daraya wird keinerlei Zensur ausgeübt: Die Aktivisten und die Kämpfer der Freien Syrischen Armee, die Tausende Bücher aus den Trümmern gerettet haben, bestätigen, dass sie sich verpflichtet haben, sie alle in die Regale der Bibliothek zu stellen. Und sollten Werke, die sehr gefragt sind, verloren gehen, bieten die neuen Technologien eine Lösung: Dank des Internets, zu dem sie sich zu Beginn der Revolution mithilfe kleiner Satellitenschüsseln Zugang verschafft haben, konnten sie Dutzende philosophischer und politischer Sachbücher herunterladen, die sie nun direkt auf ihren Handys lesen.

»Meine Freunde haben mir mehrere Bücher aufs Smartphone geschickt, nachdem sie sie im Internet wiedergefunden hatten. Das ist mir eine große Hilfe, vor allem, wenn ich keine Zeit habe, in der Bibliothek vorbeizugehen und neue Bücher auszuleihen«, erklärt Omar.

Sein großer Traum ist es, sich eine digitale Ausgabe des *Fürsten* von Machiavelli zu beschaffen. Nachdem wir uns verabschiedet haben, nehme ich mir vor, zu versuchen, eine arabische Übersetzung für ihn aufzutreiben. Und ich stelle mir vor, wie er an die Front zurückkehrt, jenen gefahrvollen Ort, den selbst das makaberste Buch sich nicht auszumalen in der Lage wäre.

Die Puzzlestücke von Daraya fügen sich allmählich zu einem Bild zusammen. Nach Ahmad, Abu el-Ezz und Omar stehen mir Dutzende weiterer Aktivisten und Rebellen in einem virtuellen Dialog bereitwillig Rede und Antwort. Um die gesammelten Informationen abzugleichen, führe ich unzählige Gespräche. Ich reise in den Libanon und treffe mich mit geflüchteten Oppositionellen. Ich unternehme einen Kurztrip nach Gaziantep im Süden der Türkei, um ehemalige Angehörige des Lokalrats von Daraya zu befragen, die dort im Exil leben. Ich spreche mit Journalisten, Diplomaten und Vertretern von Hilfsorganisationen. Zurück in Istanbul lerne ich einige Aktivisten der Bürgerbewegung der Neunzigerjahre kennen. Sie alle sind sich einig über den besonderen Charakter von Daraya: Mehr noch als ein Symbol der Widerstandskraft ist diese Stadt ein einzigartiges Beispiel für eine Verwaltung, in der trotz des Krieges das Militär der Kontrolle der zivilen Vertreter unterstellt bleibt.

Und natürlich bestürme ich auch Ahmad weiter mit Fragen.

Die Sache mit den Dschihadisten lässt mir keine Ruhe. In Damaskus verbreitet der regimetreue Fernsehsender Addounia TV pausenlos dieselbe Leier: Daraya ist eine Hochburg der Terroristen. Man muss sie auslöschen. Ein für alle Mal niederringen. In dem Bestreben, die offizielle Lesart durchzusetzen, lässt die Staatslüge keinen Raum für Zweifel. Doch ich möchte Gewissheit haben: Gibt es in dem Damaszener Vorort Daraya islamistische Terroristen, und sei es auch nur eine Minderheit?

Ahmad registriert meine Fragen.

»Ich will ehrlich zu Ihnen sein«, antwortete er. »Zu Beginn des Aufstands schwenkten die meisten Demonstranten in Daraya die grün-rote Fahne der syrischen Revolution. Später begannen einige wenige, die berüchtigte schwarze Flagge mit dem weißen muslimischen Glaubensbekenntnis zu zeigen. Wir haben sie zunächst gewähren lassen. Schließlich hatten wir lange genug unter einem Regime gelitten, das uns eine einzige Denkweise, eine einzige Farbe aufzwang. Außerdem verstand sich diese Fahne als das Zeichen des Propheten, nicht von al-Kaida oder irgendeiner sonstigen Bewegung. Das Banner des Islam war ein Weg, Protest gegen dieses einengende Regime zu äußern.

Als Daraya Ende 2012 von Assads Truppen eingekesselt wurde, sind dann ein halbes Dutzend syrische Kämpfer der Nusra-Front zu uns gekommen. Damals war es noch möglich, durch die Bresche von

Muadamiya, dem benachbarten Vorort, in die Stadt zu gelangen. Die Anti-Assad-Kämpfer der Freien Syrischen Armee standen noch ganz am Anfang. Die Organisation Islamischer Staat gab es noch nicht. Und von der Nusra-Front wussten wir kaum etwas. Also, ja, die Leute haben sich verführen lassen. Vor allem die Jungen waren sehr leicht zu beeinflussen. Aus Unwissenheit zweifellos. Und aus Verzweiflung. Und manche einfach nur aus Widerspruchsgeist.

Sehr schnell kam es zu Unstimmigkeiten zwischen den neuen Anhängern von al-Nusra und der Gruppe um Ustaz. Die Islamisten beschuldigten sie, Agenten des Westens zu sein, den Islam zu verunglimpfen, schimpften sie *kafir* (Ungläubiger). Es gab Spannungen, einige heftige Auseinandersetzungen. Um zu verhindern, dass die Situation eskalierte, fällte der Lokalrat 2014 schließlich eine Entscheidung: Gemeinsam mit den Befehlshabern der beiden Bataillone von Daraya, der Liwa Shuhada al-Islam und der Ajnad al-Sham, hat er eine Charta unterzeichnet, der zufolge ohne Zustimmung aller anderen Parteien keine weitere militärische Einheit in der Stadt gegründet werden durfte.«

Wieder einmal hatte die Stimme der Weisheit in Daraya gesiegt. Anders als in Rakka, einer weiteren Hochburg des Widerstands gegen Assad, die erst von der Nusra-Front und anschließend vom Islamischen Staat erobert wurde, der die Stadt drei Jahre nach der Revolution zur syrischen Hauptstadt seines Kalifats machte, hatten die Einwohner es geschafft, den Dschihadisten die Stirn zu bieten. Da sie sich nicht durchsetzen konnten, verschwanden die al-Nusra-Kämpfer schließlich von der Bildfläche. Auf Nimmerwiedersehen. Dass es Daraya gelungen war, die Dschihadisten zu vertreiben, lag unter anderem an seiner einzigartigen, strikten Organisation: Alle militärischen Entscheidungen werden vom Lokalrat getroffen und nicht von der Freien Syrischen Armee, wie es in den meisten anderen von der Opposition kontrollierten Enklaven der Fall ist. Trotz der kriegsbedingt instabilen Lage ist diese Verwaltung perfekt strukturiert. Sie verfügt über ein knappes Dutzend Ämter: Exekutive, Militär, Finanzen, dazu Einheiten, die für Öffentlichkeitsarbeit, Gesundheit oder öffentliche Arbeiten zuständig sind. Eine eigene Mini-Regierung auf lokaler Ebene.

»Ich will Ihnen etwas gestehen«, fährt Ahmad fort. »Auch ich habe eine Zeit lang geschwankt. Obwohl ich den bewaffneten Kampf ablehne, fühlte ich mich anfangs von den Parolen der Nusra-Front angezogen. Diese Gruppe hatte etwas Faszinierendes an sich. Sie wussten genau, was sie sagen mussten. Ich ahnte nicht, dass sie al-Kaida nahestanden. Naiv, wie ich war, glaubte ich, sie seien gekommen, um uns zu unterstützen und unsere Revolution zu verteidigen. Schließlich verfolgten wir alle dasselbe Ziel: das Regime zu verändern. Doch schon bald haben sie ihr wahres Gesicht gezeigt: die Selbstmordattentate in anderen Teilen des

Landes, ihre Schreckensherrschaft in den Regionen, die sie unter ihre Kontrolle bringen wollten, die Entführung und Ermordung von Kämpfern der Freien Syrischen Armee. Auch wenn sich ihre terroristischen Aktivitäten im Gegensatz zu denen der IS-Dschihadisten auf das syrische Staatsgebiet beschränken, streben sie doch danach, dem Land einen schwarzen Stempel aufzudrücken. Territoriale und ideologische Ambitionen unter dem Deckmantel des Islam.«

Eine andere Form des Städtemords, diesmal in religiösem Gewand. Dieser perverse Wille, Städte und Menschen zu verändern, um sie zu Geiseln eines einzigen Denkens zu machen …

»Das Besondere an unserer Enklave ist auch, dass die Rebellen, die gegen Assad kämpfen, alle aus Daraya stammen«, fährt Ahmad fort. »Die meisten sind keine professionellen Soldaten, sie haben während der Revolution zum ersten Mal zu den Waffen gegriffen, um sich vor den Kugeln des Regimes zu schützen. Ein Drittel von ihnen sind ehemalige Studenten wie Omar. Und es ist geradezu absurd, dass Baschar al-Assad uns unterstellt, wir seien von ausländischen Kämpfern infiltriert, während seine eigenen Streitkräfte durch russische Flugzeuge und iranische, irakische, afghanische und pakistanische Söldner dabei unterstützt werden, alles auszulöschen, was von der gemäßigten Opposition noch übrig ist. Mithilfe seiner Propaganda-Maschinerie bemüht sich Assad, den Westen davon zu überzeugen, dass er der einzige Schutzwall gegen den Islamischen Staat sei. Doch in Wahrheit trägt die Brutalität von Damaskus nur dazu bei, seine Gegner zu radikalisieren. Statt das Unkraut auszurotten, hält Assad es am Leben. Wenn das Regime den Terrorismus wirklich vernichten wollte, hätte es schon längst damit begonnen, Rakka zu bombardieren und nicht Daraya.«

Ahmad verstummt. Er hat genug über Politik geredet. Jetzt möchte er zu unserem eigentlichen Thema zurückkehren: die Bibliothek.

»Die Bücher haben uns gerettet. Sie sind unser bester Schutz gegen Fortschritts- und Bildungsfeindlichkeit. Ein Garant für bessere Zeiten. Wir müssen Geduld haben. Sie in Frankreich haben das auch durchgemacht. Die Revolution war nicht von heute auf morgen erfolgreich. Neulich habe ich mit meinen Freunden zusammen *Die Elenden* gesehen. Die Verfilmung des Romans von Victor Hugo. Wir hatten ihn aus dem Internet heruntergeladen. Wie deprimierend! Doch gleichzeitig dachte ich: Es mag Jahre gedauert haben, aber letztlich hat Frankreich erreicht, was es wollte. Soziale Gerechtigkeit, Demokratie, Menschenrechte. Das schenkt mir neue Hoffnung. Die gleiche Hoffnung, die mich erfüllt, wenn ich zum x-ten Mal meinen Lieblingsfilm *Die fabelhafte Welt der Amélie* schaue.«

Freitag, der 13. November 2015. Ich feiere in Istanbul meinen Geburtstag mit ein paar einheimischen und zugezogenen Freunden, die sich am Ufer des Bosporus versammelt haben. Ein kurzes Atemholen in der infernalischen Spirale der Ereignisse. Tags zuvor haben zwei Selbstmordanschläge Beirut erschüttert. Vergangenen Monat wurde die türkische Hauptstadt Ankara zum Ziel zweier Selbstmordattentäter. Während Damaskus Krieg gegen die gemäßigte Opposition führt, bahnt sich das Monster Islamischer Staat seinen eigenen Weg und verübt immer mehr Anschläge außerhalb der Grenzen seines selbst ernannten Kalifats, das sich über Teile des irakischen und syrischen Staatsgebietes erstreckt. Trotz der Katastrophenstimmung, die die Region erfasst hat, bleibt Istanbul eine Weltstadt, wo man einen Abend lang türkische, libanesische, syrische, afghanische, iranische, ägyptische, französische und amerikanische Freunde zusammenbringen kann. Eine pluralistische Stadt, in der jeder seinen Platz findet, um die Wunden des Exils oder der Trauer über den zu frühen Tod eines geliebten Menschen zu pflegen …

Es ist halb zwölf Uhr abends. Nach dem Essen kommt ein türkischer Freund zu mir und flüstert: »Hast du mitbekommen, was gerade in Paris los ist?« Ich schaue ihn an. Er ist blass, hält sein Smartphone in den Händen. Er reicht es mir. Auf dem Bildschirm blinken rote Eilmeldungen. Explosion beim Stade de France. Schießereien in Straßencafés im zehnten und elften Arrondissement. Schüsse im Bataclan. Ich rufe meine Eltern an, meine Schwester, meine Freunde. Ich lege das Telefon nicht mehr aus der Hand, wiederhole mechanisch: »Alles in Ordnung bei dir?« Die Rollen sind vertauscht. Nach achtzehn Jahren Aufenthalt in verschiedenen Ländern der arabisch-muslimischen Welt bin ich nun diejenige, die »die« Frage stellt.

Der Abend endet mit Sorgen, Telefonanrufen und geteilten Ängsten. All diese flüchtigen Worte, die man einander ins Ohr raunt, um sich zu beruhigen, um vorzutäuschen, es ginge einem gut – oder zumindest nicht allzu schlecht. Und das Aufwachen am nächsten Morgen, als erwachte man aus einem Albtraum.

Doch der Albtraum ist Realität.

Im Fernsehen ist von nichts anderem die Rede. Mindestens hundertachtundzwanzig Tote. Über vierhundert Verletzte. Und das Bekennerschreiben des Islamischen Staates, der behauptet, er habe »die Hauptstadt der Unzucht und Laster« ins Visier nehmen wollen. Nach *Charlie Hebdo* im Januar dieses Jahres wurde Paris erneut mitten ins Herz getroffen. Paris verletzt.

Paris ins Leid gestürzt. Es ist ein niederschmetterndes Gefühl, wenn die eigene Heimatstadt von der Gewalt eingeholt wird. Paris, dieser Zufluchtsort, den ich unverwundbar glaubte, weil ich dort zwischen zwei Kriegen, zwei Revolutionen, zwei politischen Krisen neue Kraft schöpfte. Plötzlich ist alles durcheinandergeraten. Hier Krieg. Und dort. Und anderswo. Krieg zu Hause. Hinter jeder Straßenecke. Ein Krieg ohne Frontlinie.

Meine Tochter steht auf. Ich muss stark sein. Darf mir nichts anmerken lassen. Ach, heute ist ja Samstag, schon fast elf Uhr. Elf Uhr, Märchenstunde. Das Ritual, das wir nicht verpassen dürfen. Samarra und ich lassen das Frühstück ausfallen und ziehen unsere Mäntel an. Draußen auf der Straße nehme ich ihre kleine Hand. Wir begegnen dem Simit-Verkäufer und streicheln eine Katze, ehe wir schließlich den Taksim-Platz erreichen und uns einen Weg durch die dicht gedrängte Menge bahnen.

Vor dem Institut Français, am Beginn der mythischen Fußgängerzone Istiklal Caddesi, hängt die Fahne auf halbmast. Der Garten ist so gut wie menschenleer. In der Mediathek nur ein halbes Dutzend Kinder, begleitet von ihren bleich und mitgenommen aussehenden tapferen Eltern. Und Julie, die Märchenerzählerin, wie immer treu zur Stelle trotz der Maske aus Traurigkeit, die auf ihren blassen Zügen liegt.

Wir setzen uns hin. Julie steht aufrecht vor ihrem jungen Publikum. Langsam öffnet sie ihre mit Büchern gefüllte Tasche, nimmt aufs Geratewohl eines davon heraus und beginnt, die Seiten umzublättern. Mit den ersten Worten hüllt ihre Stimme den Raum in Trost. Eine gute Fee liest Kindermärchen vor, die für die Erwachsenen plötzlich Sinn ergeben. Geschichten, um der Wirklichkeit zu entfliehen. Bücher, um einzutauchen in eine andere Welt.

Ich schaue mich um: Die perfekt aneinandergereihten Regale, die neben der Tür aufgehängten Mäntel, die niedrigen, vor der Märchenerzählerin aufgestellten Bänke, das alles hat etwas Beruhigendes. Zum ersten Mal fällt mir noch ein weiteres Detail auf: Die Mediathek liegt im Untergeschoss. Jeden Samstag gehen wir auf dem Weg dorthin die Stufen hinab. Eine schützende Muschel. Wie in Daraya …

Wieder zu Hause schalte ich meinen Computer ein. Hin- und hergerissen zwischen dem Wunsch, den schlechten Nachrichten zu entfliehen, und dem Drang, mehr über das Geschehene zu erfahren. Als ich meine E-Mails öffne, entdecke ich folgende Nachricht von Ahmad, der glaubt, ich sei gerade in Paris:

Es tut uns so furchtbar leid, was in Frankreich passiert ist.

Wir hier in Daraya stehen an Ihrer Seite gegen den Terrorismus. Wenn unser Leiden nicht so groß und die Bombardements weniger intensiv wären, hätten wir zum Zeichen der Solidarität Kerzen angezündet, aber leider können wir nicht viel tun.

Ich hoffe, es geht Ihnen gut und Sie sind dort, wo Sie sich gerade aufhalten, in Sicherheit. Sie sollen wissen, wie traurig wir alle sind. Wir sprechen Ihnen und dem gesamten französischen Volk unser Beileid aus.

Wir wissen, dass der Terrorismus Frankreich deshalb ins Visier genommen hat, weil es uns in unserem Kampf für die Freiheit beisteht.

Wir sind sehr froh über die Unterstützung durch die Franzosen und danken Ihnen von ganzem Herzen.

Wer wäre von einem solchen Brief nicht berührt? Ahmad lebt im Bombenhagel. Er hat so viele Freunde verloren, hat seit vier Jahren seine Familie nicht mehr gesehen. Sein Alltag in Daraya gleicht einem Berg von Dringlichkeiten. Und doch hat er sich die Zeit genommen, diese Nachricht zu schreiben und sein Mitgefühl auszudrücken.

Ein Terrorist entschuldigt sich nicht.

Ein Terrorist weint nicht um die Toten.

Ein Terrorist zitiert nicht *Die fabelhafte Welt der Amélie* und Victor Hugo.

Am 7. Dezember 2015 erhalte ich eine weitere Nachricht von Ahmad. Diesmal ist es nur ein knapper Satz, schneidend scharf wie ein Kugelsplitter. Er passt auf eine einzige Zeile:

»Die Bibliothek wurde angegriffen.«

Ich lese den Satz gleich noch einmal, scanne jedes Wort, jede Silbe, hoffe, ein zwischen zwei Buchstaben verborgenes Detail zu entdecken. Vergeblich. Hastig nehme ich mein Handy und rufe ihn an. Doch er geht nicht ran. Ich öffne Skype: Ahmad ist nicht erreichbar. Also schicke ich ihm eine SMS.

»Alles in Ordnung?«

Als ich nach ein paar Stunden immer noch nichts von ihm gehört habe, wiederhole ich meine Frage. Und füge hinzu: »Bist du da?«

Nach schier endlosem Warten kommt endlich eine Antwort. Ja, er ist da, am anderen Ende dieser wackligen Leitung, dieser fiebrigen Verbindung, auf diesem geschundenen, unerreichbaren Flecken Erde.

Er ist da, und es war knapp. Am helllichten Tag ist eine Fassbombe auf das Gebäude niedergegangen, in dem die Bibliothek untergebracht ist, hat zwei der fünf Stockwerke weggerissen und den Eingang in ein Trümmerfeld verwandelt. Im Bücherforum unten im Keller ist der gesamte Inhalt aus den Regalen gefallen. Wie Strandgut liegen die von der Explosion zerzausten, geknickten, zerknitterten Bände zwischen Gipsbrocken und Glassplittern verstreut auf dem Boden. Beim Herunterfallen wurden Seiten herausgerissen. Einbände zerdrückt. Und den Rest hat der Staub erledigt, der Tische und Sofas unter einem dichten grauen Mantel begraben hat. Jetzt müssen sie die Bücher und Ausleihkarten erneut sortieren, die zerbrochenen Holzbretter reparieren. Aber ich soll mir keine Sorgen machen, sonst ist alles gut, fährt Ahmad fort. Niemand wurde getroffen, es gab weder Tote noch Verletzte. Ein Wunder! Und wir sind auch schon wieder bei der Arbeit, machen alles sauber, stellen die Bücher zurück an ihren Platz und kleben die herausgerissenen Seiten wieder ein. So ist es nun mal. Das Leben geht weiter. Wir haben lediglich den Haupteingang zur Straße hin geschlossen. In Zukunft kommt man nur noch über die linke Seite in die Bibliothek. Ein einfaches Loch in der Mauer, diskreter und besser geschützt. Und ja, natürlich wird die Bibliothek wieder öffnen. Wenn nicht morgen, dann übermorgen, *inschallah*. Bis dahin haben wir dank der auf unseren Smartphones gespeicherten PDF-Dateien noch genug Lesestoff.

Das alles berichtet mir Ahmad in einer immer wieder unterbrochenen Reihe von Nachrichten. Um Zeit zu sparen, antwortet er manchmal mit kurzen Sprachnachrichten über den Gratis-Messenger WhatsApp. Seit Ausbruch des Krieges ist dies das beste Mittel zur zeitverzögerten Kommunikation mit den im Land verbliebenen Syrern. Wir schicken unsere Fragen. Und sie melden sich bei uns, wenn sie Zeit haben – oder Zugang zum Internet. Ein Anrufbeantworter 4.0, der Kontrolle des Regimes entzogen.

Ich frage ihn, ob er glaubt, dass es ein gezielter Angriff gewesen sei, ob Damaskus die Bibliothek absichtlich ins Visier genommen habe. Er bleibt stumm. Das bedeutet, dass er erst einmal nachdenkt. Worte spart in seinem Ringen um Objektivität. Dann entgegnet er, dass er es nicht genau weiß. Dass das Regime und seine russischen Verbündeten anderswo, in den Rebellenvierteln von Ost-Aleppo im Norden des Landes, ganz bewusst Krankenhäuser, Ärzte und Ambulanzfahrzeuge angreifen. Eine geplante Zerstörung. Das haben sogar die Vereinten Nationen anerkannt. Doch bei Angriffen mit Fassbomben wie in Daraya ist so etwas schwerer nachzuweisen. Man kann nicht genau vorhersagen, wo die Bomben einschlagen. Sie können nicht präzise abgeworfen werden. Sie können ihr Ziel verfehlen. Daher verbreiten sie auch so großen Schrecken und fordern so viele Todesopfer.

»Absicht oder nicht, dieser Angriff ist der Beweis dafür, dass Baschar al-Assad uns hasst. Dass er uns alle auslöschen will. Daran gibt es keinen Zweifel«, setzt Ahmad hinzu.

Seine Stimme ist ein wenig leiser geworden, doch nun fährt er in seinem gewohnten Tonfall fort: »Wenn er uns bei lebendigem Leib verbrennen könnte, würde er es tun!«

Jetzt bin ich es, die schweigt.

Mir kommt *Fahrenheit 451* in den Sinn. Die verrückten Feuerwehrleute, die Bücher anzünden. Der 1953 erschienene Roman von Ray Bradbury, in dem Bücher verboten sind. Eine Sondereinheit patrouilliert durch die Straßen, um jeden zu bestrafen, der gegen dieses Verbot verstößt.

Und ich erinnere mich an das, was Hauptmann Beatty in diesem Buch sagt:

»Ein Buch ist wie eine geladene Waffe im Haus nebenan. Verbrenne es. Entlade die Waffe. Schlage eine Bresche in den menschlichen Geist. Wer weiß, wen sich der Belesene als Zielscheibe aussuchen könnte!«

Bücher, jene Massenbildungswaffen, die die Tyrannen erzittern lassen.

Und ich nehme mir vor, Ahmad eines Tages die Lektüre dieses fiktionalen Werks aus dem zwanzigsten Jahrhundert zu ermöglichen. Ein vorausweisender Roman, den er dann seiner langen Liste gelesener Büchern hinzufügen kann.

In den darauffolgenden Tagen versinkt Daraya noch tiefer in der Finsternis. Von Damaskus eingekesselt. Aus Hubschraubern bombardiert. Zu einem Straußenleben verdammt, den Kopf in den Trümmern vergraben, so versuchen die Einwohner standzuhalten. In diesen ersten Tagen des Jahres 2016 peitscht der Winter mit der gleichen Beharrlichkeit über die Stadt wie die Luftangriffe. »Daraya, die Stadt, die die Sonne verpasst hat«, heißt es mit bitterer Ironie in einem Video, das der Lokalrat gedreht und auf YouTube eingestellt hat. Allein im Monat Dezember wurden mindestens neunhundertdreiunddreißig Fassbomben gezählt. Diese leicht herzustellenden, billigen Sprengkörper gehören zu den bevorzugten Waffen der syrischen Streitkräfte, mit denen sie Angst und Schrecken verbreiten. Ist das der Grund für Ahmads Schweigen? Seit dem Angriff auf die Bibliothek ist er nicht mehr so gesprächig wie früher. Ich vermute, er hat zu viel zu tun, umso mehr, als der Damaszener Vorort kürzlich eine weitere schlechte Nachricht zu verkraften hatte: Nach zahlreichen fehlgeschlagenen Versuchen ist es dem Regime im Januar 2016 gelungen, Daraya endgültig von seinem Nachbarort Muadamiya abzuschneiden und somit den letzten verbliebenen Zugang für Nachschublieferungen von außen zu schließen. Nun gibt es keinen Weg mehr aus der Enklave heraus. Die Schleichwege sind ein für alle Mal versperrt. Die Blockade gesichert. Weitere Familien haben panisch ihre Sachen gepackt und sind in letzter Minute über die Felder geflohen, wodurch sich die Zahl der Einwohner noch einmal von zwölftausend auf gut achttausenddreihundert reduziert hat.

Anfang Februar 2016 nimmt ein Freund Ahmads Platz in unserer virtuellen Kommunikation ein und hält mich in hektischen Nachrichten über die Ereignisse in der Stadt auf dem Laufenden. Shadi ist sechsundzwanzig Jahre alt, hat ein rundes Gesicht und eine schüchterne Stimme, die so gar nicht zu seinem fülligen Körperbau passt. Im Gegensatz zu Ahmad ist er kein begeisterter Leser. Aber mit ihm schlage ich eine neue Seite in der Geschichte von Daraya auf: die des Krieges in Bildern. Bilder, die er seit dem Ausbruch der Revolution wie besessen sammelt und in den sozialen Netzwerken verbreitet, um die Welt zum Zeugen zu machen. Die Kamera stets zur Hand, fotografiert und filmt Shadi alles, was er sieht. Den ganzen Tag über bewegt er sich im Slalom zwischen den Narben seiner Stadt hindurch, um ihre Wunden zu dokumentieren.

Wenn ich seinen Alltag zusammenfassen müsste, würde dafür ein Video genügen, das er mir bei einem unserer ersten Gespräche schickt. Kaum eine Minute, aufgenommen 2014, doch seitdem lässt sie ihn nicht mehr los. Ich reiße die Augen auf. Am allmählich dunkler werdenden Himmel kreist ein Hubschrauber in niedriger Höhe. Plötzlich öffnet der metallene Vogel seinen Bauch und gibt einen mit Stabilisatoren versehenen Zylinder frei. Langsam beginnt der todbringende Flugkörper seinen Fall, bevor er immer schneller auf eine Häuserreihe hinabstürzt. Vom Dröhnen des Hubschraubers übertönt, erkenne ich Shadis panische Stimme: »*Allahu akbar, Allahu akb*…« Eine erste Detonation, unmittelbar gefolgt von einer zweiten, lässt die letzte Silbe abreißen. Das Bild wackelt unter der Wucht der doppelten Explosion. Die Kamera zittert, kippt hinter das Geländer des Balkons, filmt jedoch fieberhaft weiter die beiden immer dichter werdenden Wolken, die in den Himmel aufsteigen. Die Fassbombe ist nur wenige Meter von Shadi entfernt niedergegangen und hat die zerstörerischen Metallteile in ihrem Inneren ausgespuckt. Der junge Mann hinter dem Sucher fängt sich wieder: »*Allahu akbar*, Daraya, 12. Januar 2014 […] Ich habe die Fassbombe gefilmt! Ich habe sie direkt vor mir gesehen.« Aus dem Hintergrund antwortet ihm eine keuchende Stimme: »Ich hatte nicht den Mut, da stehen zu bleiben, wo du bist.«

Mutig, aber unter Schock.

»In den darauffolgenden Tagen war ich völlig benommen, ich war nicht in der Lage, das Haus zu verlassen. Die Bombe war so dicht vor mir heruntergekommen. Ich war total groggy«, berichtet Shadi.

Das ist nur der Beginn einer systematischen Bombardierung mit Fassbomben, zu deren wichtigstem Dokumentator Shadi sich unfreiwillig entwickelt: »Mit der Zeit hat sich die Angst gelegt. Ich filmte immer mehr. Seit ich dem Tod ständig begegne, bin ich vollkommen abgestumpft.«

Shadi spricht mit der Präzision eines Miniaturenmalers. Er ist besessen von Geräuschen, Bildern, Formen und Motiven und weiß mittlerweile alles über die todbringenden Bomben, die vom Himmel stürzen: »Innerhalb von drei Jahren haben wir fast sechstausend Fassbombenabwürfe gezählt. Manchmal fallen bis zu achtzig Stück pro Tag. Wenn die Hubschrauber am Himmel auftauchen, beobachten wir sie und versuchen vorauszusehen, wo sie zuschlagen werden, um im nächstgelegenen Unterschlupf Zuflucht zu suchen. Doch das ist schwierig: Der Fall der Bombe dauert nur dreißig Sekunden, das lässt einem nicht viel Zeit, um die Beine in die Hand zu nehmen. Nachts ist es noch schlimmer. Im Dunkeln sind die Helikopter nicht zu sehen. Wer einen Keller hat, schläft dort unten auf Matratzenlagern. Den anderen bleibt nichts anderes übrig, als vor dem Einschlafen zu beten und zu hoffen, dass sie am nächsten Morgen noch am Leben sind.«

Seit jenen bewussten Aufnahmen aus dem Januar 2014, seinerzeit eines der am häufigsten geteilten Videos auf YouTube, hat Shadi Hunderte Tragödien dokumentiert, die von diesen unheilvollen Zylindern verursacht wurden. Wie könnte ich die syrische Familie vergessen, die durch einen Bombenabwurf Ende desselben Jahres auseinandergerissen wurde …

»Ein Familienvater hatte seine Frau und ihren zwölfjährigen Sohn davon überzeugt, in ein Viertel umzuziehen, das nicht so häufig bombardiert wurde. Er hatte sie gerade in ihrer neuen Wohnung abgesetzt und war noch einmal zurückgefahren, um die letzten Kartons zu holen, als sie von einer Fassbombe erwischt wurden. Die Frau und das Kind waren auf der Stelle tot, begraben unter den Trümmern des Hauses. Der arme Mann war am Boden zerstört.«

Shadi, der an jenem Tag kurz nach der Explosion am Schauplatz der Katastrophe eintraf, hat alles gefilmt. Das wie ein Kartenhaus zusammengestürzte Gebäude. Den Vater mit seinem tränenüberströmten Gesicht. Die freiwilligen Helfer des Zivilschutzes, die zwei lange rosa Säcke trugen. Darin die sterblichen Überreste der beiden Opfer …

»Dieser Mann wollte seine Familie vor den Bomben beschützen. Und genau das Gegenteil ist passiert. Unser Leben ist so wenig wert«, fährt Shadi fort.

Er weiß, wovon er spricht. Er, der so viele Freunde verloren hat, den der Tod unablässig verfolgt, selbst auf die Beerdigungen seiner engsten Gefährten. Wie ein Schwarz-Weiß-Bild hat sich die Erinnerung an das blutige Begräbnis eines weiteren Opfers der Fassbomben in sein Gedächtnis eingebrannt: »Es war im August 2015. Ausnahmsweise filmte ich nicht. Wir beerdigten einen engen Freund, Ahmad Matar. Wir sprachen gerade das Totengebet, als plötzlich am Himmel ein Grollen laut wurde. Blitzartig wurde uns der Boden unter den Füßen weggerissen. Zwei Explosionen. Meine Ohren waren taub. Ich hatte Staub in den Augen, und Funken sprühten in meinem Kopf. Als ich nach ein paar Minuten endlich wieder etwas erkennen konnte, sah ich die leblosen Körper zweier Freunde. Sie waren auf der Stelle tot gewesen. Die Fassbombe verfolgt dich überall hin. Sie überrascht dich jederzeit. Sie lässt dir keine Atempause«, sagt er mit gepresster Stimme.

Wie so viele junge Regimegegner hat auch Shadi das Filmen in der Praxis gelernt. Der Bauernsohn, der nach dem Abitur im Lebensmittelsektor zu arbeiten begonnen hat, das zurückhaltende Kind, das nie gewagt hat, seinen Lehrern zu widersprechen. Dem die verheißungsvollen Anfänge des Arabischen Frühlings 2011 plötzlich »die Augen geöffnet« haben. »Vor der Revolution betrachtete ich die Welt bequem durch meine Brille, ohne irgendetwas infrage zu stellen«, sagt er. Die Bilder des Aufstands in Ägypten haben ihn verwandelt. »Als ich sah, wie Mubarak unter dem

Druck der Demonstranten stürzte, habe ich mir gesagt: Das können wir auch schaffen. Ich hatte immer geglaubt, die Geschichte meines Landes sei vorgezeichnet, nichts könne sie verändern. Und plötzlich standen wir auf der Straße und forderten unser Recht ein, sie selbst zu schreiben. Mit unseren eigenen Worten«, setzt er hinzu.

Als der Aufstand in einen Krieg umschlägt, schließt sich Shadi dem Medienzentrum des Lokalrats von Daraya an. Er wird zu einem der zahllosen Bürgerreporter, jene unentbehrlichen Vermittler von Informationen, zu denen ausländische Journalisten selbst keinen Zugang mehr haben. Um die Qualität seiner Aufnahmen zu verbessern, tauscht er sein Smartphone gegen einen richtigen Fotoapparat. Und als im Dezember 2014 ein Freund aus Damaskus Kontakt zu ihm aufnimmt und ihm finanzielle Unterstützung anbietet, antwortet Shadi, ohne zu zögern: »Alles, was ich brauche, ist eine Canon D70.«

Doch die Lieferung des Zauberschlüssels ist höchst riskant. Um in den eingekesselten Vorort zu gelangen, muss man zunächst die Checkpoints des Regimes passieren, Muadamiya durchqueren und schließlich durch die letzte Bresche im Belagerungsring um Daraya schlüpfen. Der zwei Kilometer breite landwirtschaftlich genutzte Streifen, der die beiden Städte voneinander trennt, liegt im Visier der Soldaten des Regimes, die unablässig von ihrem Berg herunterschießen. Wie so oft in Kriegsregionen, wo Frauen ebenso unsichtbar wie effizient agieren, übernimmt eine Syrerin die Rolle der »Schmugglerin«. Die Kamera unter ihrem Schleier verborgen, überquert sie nachts den Streifen auf jener tödlichen Route, die schon so viele andere das Leben gekostet hat. Ich wage mir nicht vorzustellen, wie ihre schmale Gestalt zwischen den Bäumen entlangschleicht, verstohlen durch Weinberge und Olivenhaine huscht und sich gleich wieder auf den Rückweg nach Damaskus macht, nachdem sie ihr Päckchen übergeben hat. Shadi hatte nicht einmal Gelegenheit, ihr persönlich zu begegnen, aber er verdankt ihr sehr viel.

»Meine Kamera ist zu meiner treuesten Gefährtin geworden«, sagt er. »Ich habe sie immer bei mir.«

Seitdem begleitet ihn die kostbare Profikamera auf Schritt und Tritt. Mit ihr dokumentiert er alles bis in jede Einzelheit. Die Druckwellen der Raketensalven. Die vom Artilleriebeschuss durchsiebten Fassaden. Die verbogenen Pfeiler. Das verrostete Gerippe einer Schaukel. Die Klauen des Krieges. Die steinernen Leichen.

Dank der vielen Bilder, die Shadi mir schickt, laufe ich durch die Straßen wie in einem Videospiel, ich schlüpfe in verlassene Häuser, zucke beim Geräusch einer Detonation zusammen. Mit dem Unterschied, dass hier alles real ist. Ich erlebe den Krieg live an meinem Computer.

Die Videos sind oft ruckelig, in aller Hast gefilmt. Kurze Zeugnisse, sehr kurz nur, diesem flüchtigen

Leben gestohlene Momentaufnahmen. Wenn die Bomben vom Himmel regnen, gerät die Kamera ins Wanken, dreht sich im Kreis, fängt sich wieder. Heranzoomen, wegzoomen. Shadi ist kein Reporter im eigentlichen Sinne. Er ist Zeuge. Ein Auge, das weit geöffnet bleibt.

In den seltenen Ruhepausen dehnt sich die Zeit. In der Bibliothek, die endlich wieder ihre Türen geöffnet hat, filmen und interviewen sich die Rebellen von Daraya gegenseitig, auch wenn manchmal kein Ton zu hören ist. In einem Video trägt einer von ihnen zwar ein Krawattenmikrofon, aber es wurde nicht eingeschaltet. In einem anderen übertönt lautes Atemgeräusch das Gespräch. Doch die Qualität der Videos ist für Shadi und seine Freunde nicht entscheidend, für sie zählt nur, mit ihren Bildern die Wahrheit hinauszuschreien, während die Kameras des Regimes alles daransetzen, sie zu verschleiern.

Gleichzeitig zeigen diese Aufnahmen den engen Zusammenhalt der jungen Männer. Sie leisten gemeinsam Widerstand, reifen gemeinsam heran, wohnen gemeinsam in kleinen Wohnungen gleich neben dem Medienzentrum. Manchmal sind die Sequenzen auch von einer unvermuteten Poesie. Wie jener Kämpfer, der, von Müdigkeit überwältigt, in sich zusammengesunken mit ausgestreckten Beinen auf einem alten Sofa sitzt. Das Gesicht von einem Lichtstrahl beschienen, schläft er einen zärtlichen, tiefen Schlaf. Die Ruhe des Kriegers vor dem nächsten Sturm.

Je mehr Bilder ich sammle, desto deutlicher sehe ich den Grundriss der Bibliothek vor mir. Die weiße Treppe ins Untergeschoss. Die bunte Schuhsammlung vor dem Eingang. Der zentrale Pfeiler und die daran befestigten Regeln im A4-Format. Rechts der Lesebereich. Links die Fläche für Diskussionen und Begegnungen – ein neuer, abgetrennter Teil des Raums, den ich auf Shadis Aufnahmen zum ersten Mal erblicke. In einem der Videos erkenne ich dort Omar. Der Ibn Khaldun im Tarnanzug trägt heute ein T-Shirt und hält eine Vorlesung in Politikwissenschaften. Um ihn herum sitzen rund zwanzig junge Männer auf Plastikstühlen. Konzentriert lauschen sie dem Lehramtsaspiranten und machen sich dabei Notizen.

»Die meisten Intellektuellen der Stadt sind entweder im Gefängnis, tot oder im Exil«, erklärt Shadi. »Wir mussten einen Weg finden, sie zu ersetzen, um das kulturelle Niveau der Stadt zu halten. Also haben unsere jungen Leute damit begonnen, abwechselnd ihr Wissen mit denen zu teilen, die selbst keine Zeit zum Lesen haben. Omar ist sehr schnell zu einem der beliebtesten Dozenten geworden: Wenn er es schafft, von der Front wegzukommen, trifft er sich ein- bis zweimal pro Woche mit seinen Schülern.«

Shadi zeigt mir ein weiteres Video: ein Englischkurs, und der Dozent ist … Ustaz! Endlich sehe ich den hoch angesehenen Lehrer von Daraya vor mir. Rundes Gesicht, schmaler Bart, gestreiftes Polo-Shirt.

Im Grunde gar nicht so weit von dem Bild entfernt, das ich mir von ihm gemacht hatte. Mit einem Filzstift schreibt er von links nach rechts kurze Sätze in lateinischen Buchstaben auf das Whiteboard. »*This is a library*«, wiederholen die Studenten, nachdem sie die erste Zeile entziffert haben. Danach folgen die praktischen Übungen. Die Studenten bilden Dreier- oder Vierergruppen und fragen sich gegenseitig »*How are you?*« und »*What's your name?*« Oft enden diese Dialoge mit lang anhaltenden Lachkrämpfen, unterbrochen von lebhaften Gesprächen auf Arabisch, ihrer Muttersprache, die in Windeseile wieder die Oberhand gewinnt.

»Offen gestanden interessieren sich diese Leute weniger dafür, tatsächlich eine fremde Sprache zu lernen«, räumt Shadi ein, »ihnen geht es vor allem darum, einfach nur hier zu sein. Es tut unglaublich gut, über andere Dinge zu reden als den Krieg. Einen Stift in der Hand zu halten. Ein Heft mit Notizen vollzuschreiben. Ein Gefühl von Normalität zu verspüren. Dieses alltägliche Leben beginnt uns zu fehlen.«

Manchmal, verrät mir Shadi noch, verwandelt sich der Raum sogar in eine Tanzfläche.

»Wir schieben die Tische und Stühle zur Seite, rollen die Teppiche zusammen, und dann tanzen und singen wir.«

Ich öffne einen weiteren Film, den er mir geschickt hat: Im linken Teil des Papierheiligtums sehe ich eine dicht gedrängte Menschenmenge. Dutzende Männer und Jungen halten einander bei der Hand, wiegen erst den Kopf, dann die Schultern von rechts nach links und von links nach rechts. Zwei Sänger stehen auf einer improvisierten kleinen Bühne und schmettern bekannte Lieder in ein Mikrofon. Im Chor stimmt das Publikum in eine ausgelassene Melodie ein. »*Dschanna! Dschanna!*« Paradies! Paradies! Ich erkenne den Refrain, es ist der Kehrreim ihrer Revolution, den sie in den Tiefen dieses Kellers wieder zum Leben erwecken. »*Dschanna! Dschanna!*«, wiederholen sie alle gemeinsam. Der eindringliche Appel der Hoffnung. Das tröstliche Lied der Freiheit, das in den Tiefen ihrer Stadt überdauert hat.

Was mich an Shadi ebenfalls beeindruckt, ist seine Fantasie. Obwohl er nicht liest, niemals die Gesellschaft von Romanen genossen hat, besitzt er eine erstaunliche Fähigkeit, sich an andere Orte zu versetzen.

»Ich versuche oft, mir vorzustellen, wie die Bombardierung von Daraya wohl aussieht, wenn man von Damaskus aus herüberschaut. Die Eltern einiger meiner Freunde leben im Nachbarort Sahnaya, und sie rufen jedes Mal voller Panik an, wenn sie die Bomben fallen sehen«, erzählt er mir eines Tages während einer unserer fernen Unterhaltungen.

Die Ebene von Daraya, über der sich diese entfesselte Gewalt entlädt, liegt nur wenige Kilometer Luftlinie vom Stadtzentrum von Damaskus und jenem Luxushotel entfernt, in dem die Vertreter der Vereinten Nationen untergebracht sind. Und auch nur wenige Kilometer von den Anhöhen und der Militärbasis von Mezzeh, dem Sitz des Luftwaffengeheimdienstes und seines finsteren Gefängnisses, von wo aus die Granaten abgeschossen werden.

Shadi braucht den Kopf nicht zu heben, um zu wissen, dass Assads Soldaten ihn im Visier haben. Er weiß auch so um die ständige Gefahr, die von Baschars ferngesteuerten Automaten ausgeht. Er ist Shadi, Sohn eines Bauern, Dokumentator des Realen, Kämpfer für die Freiheit. Für sie jedoch ist er nur ein weiterer Schatten, schlimmer noch, ein »Extremist«, den es auszuschalten gilt, ein gefährlicher Feind in Reichweite ihrer Kanonen. Ihre Kugel, ihre Rakete oder ihre Bombe kann ihn in einem Sekundenbruchteil niederstrecken. Shadi, ein Sterblicher unter Sterblichen …

»Wir haben gelernt, mit dem Gedanken zu leben, dass der Tod uns an jeder Straßenecke erwartet, dass er uns zu Hause ereilen kann, im Schlaf. Oder in den Moscheen, mitten im Gebet. Der Tod weicht nicht von unserer Seite. Zu sagen, wir hätten keine Angst, wäre eine Lüge.«

Hoch oben auf einem Hügel etwas weiter östlich liegt der Präsidentenpalast ganz in der Nähe. Die Einwohner Darayas können ihn mit bloßem Auge sehen.

»Und Assad«, frage ich ihn, »wie stellst du dir den vor? Hast du schon einmal versucht, dich an seine Stelle zu versetzen?«

»Assad …«, wiederholt Shadi. »Das Tragische ist, dass er Scheuklappen trägt: Er weigert sich, uns so zu sehen und zu akzeptieren, wie wir sind. Als lebten wir auf zwei verschiedenen Planeten.«

Assad, der ehemalige Student der Augenheilkunde, ist heute mit Blindheit geschlagen. Assad, von dem es – welch bittere Ironie – heißt, er interessiere sich sehr für Fotografie … Während Shadi und seine Gefährten live ihr Sterben filmen, postet der Rais von Damaskus auf seinem Instagram-Account Selfies mit seinen »Fans«, posiert in der Nähe der Front oder stellt sich mit Frau und Kindern in seinem maßgeschneiderten Anzug zur Schau. Er verschanzt sich in seinen wenigen verbunkerten Quadratkilometern auf der Kuppe eines Hügels der syrischen Hauptstadt, wettert gegen eine vermeintliche Verschwörung und weigert sich, die Vorstellung von einer gemäßigten Opposition zuzulassen. »Er leidet an Kurzsichtigkeit«, sagt Shadi leise. Oder doch eher an verzerrter Realitätswahrnehmung, wie auf Fotoabzügen, die in der Dunkelkammer entwickelt werden: leicht zu verformen, zu verändern, neu zu formatieren, je nach Lichteinfall und den Schatteneffekten, die man hinzufügen möchte. Die Blindheit des Rais hat sogar auf seine Reden abgefärbt: »Entweder ich oder das Chaos«, wiederholt er unablässig, taub für die Appelle der demokratischen Aktivisten.

Die Kreativität von Shadi und seinen Freunden äußert sich auch in Worten. Worten, die sie schreiben und die sie, ausgehend von den Wurzeln ihrer reichen arabischen Sprache, neu prägen. Baschar al-Assads klassischem Begriff für »Chaos« (*fawda*) setzen sie ironisch ein anderes, umgangssprachlicheres »Chaos« (*karkabeh*) entgegen. Ihr eigenes Chaos. Diesen anhaltenden »Schlamassel«, zu dem ihr Alltag unter den Bomben geworden ist. Sie haben den Begriff sogar zum Titel einer zweimal im Monat erscheinenden Zeitschrift gemacht, die sie Anfang 2015 mit ihren wenigen verfügbaren Mitteln aus der Taufe gehoben haben. Mit einer Auflage von rund fünfhundert fotokopierten Exemplaren bietet *Karkabeh* vor allem Tipps zum Überleben angesichts der knappen Versorgungslage. Wie gewinnt man Heizöl aus verbranntem Plastik? Wie beschafft man sich alte Fensterrahmen, um mit dem Holz Feuer zu machen? Wie bewahrt man Regenwasser auf, damit man es als Trinkwasser verwenden kann? Wie züchtet man Tomaten auf seinem Balkon? All das wird niedergeschrieben, schwarz auf weiß erklärt und manchmal mit Fotos oder Zeichnungen illustriert, ehe es an der Front und unter den Einwohnern der Stadt verteilt wird.

Der »Schlamassel«, das sind aber auch kurze Artikel zu Politik, Sport und Kino für diejenigen, die nicht die Zeit oder die Geduld haben, sich in einen literarischen oder philosophischen Wälzer zu versenken. »Eine Ablenkung für den Geist, mit der wir versuchen, ein wenig Ordnung in unseren Köpfen zu schaffen«, erklärt Shadi. Zusammen mit Ahmad und anderen Aktivisten aus Daraya hat er dieses Käseblatt gegründet, um den gesellschaftlichen Zusammenhalt zu bewahren und zu verhindern, dass die Verzweiflung die Menschen in die Arme der Radikalen treibt.

Ich überfliege ein paar Seiten, die ins Internet gestellt wurden. Das »Chaos«, das sie ihren Lesern bieten, ist in Wahrheit perfekt organisiert und nach Themen geordnet. Zu den Gedichten des ehemaligen irakischen Dissidenten Ahmed Matar gesellen sich Texte über Ibn Battuta, den marokkanischen Entdeckungsreisenden aus dem vierzehnten Jahrhundert, über Alfred Nobel, den Stifter des gleichnamigen Preises, über die verschiedenen syrischen Fahnen im Laufe der Geschichte des Landes, über die Märtyrer von Daraya oder über die Flüchtlinge im türkischen Exil. Einfache Geschichten. Neutraler Wortschatz. Ohne Werturteil oder parteiische Färbung. Das in den regimetreuen Medien so beliebte Vokabular von Bedrohung und Angst hat in

Bücher inmitten der Trümmer von Daraya *(Mohammad al Eman)*

Abu Malek verleiht mit seinen Graffiti auf den Ruinen von Daraya der

Hoffnung ein buntes Gesicht. *(Ahmad Muadamani / Daraya Media Center)*

Ahmad in den zerbombten Straßen von Daraya *(Ahmad Muadamani)*

Ustaz, der »Lehrer«, der den jungen Männern in der Bibliothek nicht nur Englisch beibringt, sondern ihnen auch vom gewaltfreien Widerstand erzählt *(Mohammad al Eman)*

Besucher der geheimen Bibliothek von Daraya
(Ahmad Muadamani / Daraya Media Center)

Einige Kämpfer haben sich an der Front eine »Mini-Bibliothek« eingerichtet, ausgewählte Bände, sorgsam verwahrt hinter Sandsäcken.
(Ahmad Muadamani / Daraya Media Center)

Ustaz (vorne links) neben Ahmad und Hussam / Jihad (außen rechts)
(Daraya Media Center)

Omar *(Daraya Media Center)*

Getreu seiner Liebe zu Büchern hat Ahmad in Idlib, ein Jahr nach der Zwangsräumung von Daraya, eine fahrbare Bibliothek gegründet. *(Mohammad al Eman)*

Ahmads fahrbare Bibliothek für die Kinder und Frauen von Idlib erfreut sich großer Beliebtheit. *(Mohammad al Eman)*

Die ganze Gruppe: Ustaz (ganz rechts), Ahmad (in der weißen Jacke), daneben Hussam / Jihad (in der Mitte mit Kappe) und dahinter mit der Mütze Shadi *(Daraya Media Center)*

diesem »Chaos« keinen Platz. Kein Vergleich auch mit den Propagandaschriften des Islamischen Staates, die in mehreren Sprachen in den sozialen Netzwerken verbreitet werden. Keine Hinrichtungen oder blutrünstigen Inszenierungen. Der Stil der *Karkabeh*-Artikel ist schlicht, frei von jeglicher Provokation, abgesehen von einer gewissen Selbstironie.

Die Kreuzworträtselseite ist … zum Totlachen. Unter den leeren Kästchen, die die Leser mit ausschließlich kriegerischem Wortschatz ausfüllen sollen – Belagerung, Bomben, Soldaten, Märtyrer –, haben die angehenden Journalisten eine »Anmerkung der Redaktion« hinzugefügt: »Das Magazin haftet nicht für Unwohlsein oder Herzinfarkte, die durch dieses Kreuzworträtsel hervorgerufen werden.« Unter den Ruinen ihrer Stadt prägen sie eine neue Sprache des Absurden. Ihre Schreibweise ist von Realismus durchzogen und dabei tragikomisch. Hier hat das Erlebte Vorrang. Eine Stadt, die von sich selbst erzählt, während sie um ihr Überleben kämpft. Die über sich selbst spottet. Die ihre Ängste und alltäglichen Sorgen ins Lächerliche zieht, um sie leichter bezwingen zu können.

Auf der nächsten Seite entdecke ich das Horoskop der Woche. Die traditionellen Tierkreiszeichen wurden durch vertrautere Symbole ersetzt: Raketengeschoss, Küche, Heizöl … Und die pseudo-astrologischen Ratschläge sind natürlich ebenfalls auf den »Schlamassel« Daraya zugeschnitten: »Wenn deine Freunde dich zum Tee einladen, solltest du lieber vorher etwas essen, sonst wirst du hungers sterben«, »Dich erwartet ein mieser Tag: Alle Straßen sind versperrt«, »Du gräbst unablässig Tunnel, um darin Schutz zu suchen. Aber vielleicht lacht dir das Glück und du findest einen Schatz« …

Ich muss lächeln, als ich etwas tiefer die zweite »Warnung« der Redaktion entdecke: »Dieses Horoskop ist nichts als ein Produkt unserer Fantasie. Jegliche Übereinstimmung mit der Wirklichkeit ist reiner Zufall.«

Je mehr Bomben in diesem Februar 2016 fallen, desto stärker organisiert sich das Leben im Untergrund. Nur wenige Steinwürfe von der Front entfernt, erblüht eine zweifach parallele unterirdische Welt. Bibliothek, Schulen, Lokalrat, Medienzentrum, Schutzräume, Tunnel … Sogar das Krankenhaus hat unter der Erde Quartier bezogen. »Wegen der Luftschläge definiert sich unsere Stadt heute nicht mehr horizontal, sondern vertikal«, erklärt Ahmad, der endlich wieder auf den Bildschirm unserer virtuellen Unterhaltungen zurückgekehrt ist. Daraya, fährt er fort, ist nicht länger das um »viele Häuser« erhöhte flache Band von einst. Mittlerweile muss man es sich in drei verschiedenen Ebenen vorstellen: der Himmel, von dem die Hubschrauber die Sterne vertrieben haben, der von Bombeneinschlägen verwüstete Boden und die geheimen Keller im Schatten des Chaos. Um sich zu schützen, graben die Einwohner, die keinen Keller haben, in aller Eile provisorische Höhlen unter die Fundamente ihrer Häuser und legen Durchgänge zwischen den Mauern an. Löcher graben, das ist das

Schicksal der Gegner von Assad. Wie ein in Abwesenheit ergangenes Urteil zu lebenslanger Zwangsarbeit.

In Begleitung von Ahmad und Shadi dringe ich jeden Tag ein Stück tiefer ein in das unterirdische Labyrinth aus zersplitterten Bildern der Geisterstadt. Über das Netz, ihre einzige Verbindung zur Außenwelt, erreichen mich in jenem organisierten Durcheinander, an das ich mich mittlerweile gewöhnt habe, immer wieder einzelne Bruchstücke. All diese kleinen, der Belagerung entschlüpften Fragmente, diese unzusammenhängenden Stückchen Leben, die wir aneinanderfügen. Gemeinsam setzen wir die Katastrophe, den Irrsinn, die Hoffnung wieder zusammen.

Jedes Video ist eine neue Entdeckung. Ich verspüre das eigenartige Gefühl, trotz des Verbots aus Damaskus den geheimen Zugangscode zu Daraya zu besitzen und so die Abgründe der Stadt zu erkunden. Beim Anschauen eines weiteren Filmschnipsels stelle ich fest, dass sich der Bücherkeller in ein Diskussionsforum verwandelt hat, an dem unterschiedslos sowohl Aktivisten als auch bewaffnete Kämpfer teilnehmen. Heute dreht sich die Debatte um ein Resümee der Revolution. Waren die Demonstranten bereit? Hätten sie sich besser organisieren sollen? Hätten sie die Gewalt, die Hunderttausende von Toten, Vertriebenen und ins Exil Geflüchteten vermeiden können? Trotz des grausamen Krieges äußert keiner der Teilnehmer Bedauern über den Wunsch nach Veränderung, der sich am Beginn des Frühjahrs 2011 Bahn gebrochen hat. Im Zentrum der Diskussion stehen die Begriffe »Recht«, »Freiheit«, »neu erwachtes Bewusstsein«. Ein junger Mann steht auf. »Die Revolution«, sagt er, »hat uns auf den rechten Weg gebracht.« Ein anderer fügt hinzu, er sei »müde«, aber er »bedaure nichts«. Die »Demokratie«, fährt er fort, bleibe ihr Ziel, ein im Entstehen begriffenes Ideal. Ein Dritter übt Selbstkritik: »Ich wünschte, wir wären in intellektueller wie auch in religiöser Hinsicht besser auf diesen Aufstand vorbereitet gewesen. Wir haben Zeit verloren, sowohl diejenigen, die zu den Waffen gegriffen haben, als auch die, die sich für den gewaltfreien Widerstand entschieden haben. Und ich rede nicht nur von Daraya. Diese mangelnde Vorbereitung ist der Grund für den permanenten inneren und äußeren Druck, unter dem wir stehen.« Er spielt damit auf die Brutalität des Regimes an, aber auch darauf, dass sein Land zu einem Schauplatz von Stellvertreterkriegen geworden ist: Iran gegen Saudi-Arabien, die Vereinigten Staaten gegen Russland, ganz zu schweigen von all den anderen Akteuren in diesem Konflikt wie etwa Katar oder die Türkei …

Ich mustere den Mann aufmerksam. Er trägt eine kakifarbene Jacke und eine Cargohose, die Uniform der Soldaten der Freien Syrischen Armee. Sind es die Bücher, die diesem Kämpfer gegen Assad die nötige Distanz geben, um sich selbst zu hinterfragen? Oder liegt es am einzigartigen Rahmen der Bibliothek, die zu Austausch und Diskussionen einlädt: nuancierte Debatten, wo Damaskus nur Schwarz und Weiß sehen will … Und was denken Assads Soldaten dort auf ihrer Basis in Mezzeh? Sind sie in der Lage, in Farben zu denken? Haben sie überhaupt die Zeit – und das Recht –, andere Bücher zu lesen als die, die ihnen vorgegeben werden? Wären sie ebenfalls fähig, nach Veränderung zu streben, wenn sie nur die Wahl hätten?

Während ich mir, allein vor meinem Bildschirm sitzend, den Film noch einmal ansehe, kommt mir jener Satz von Kafka aus einem Brief an Oskar Pollak in den Sinn: »Ein Buch muß die Axt sein für das gefrorene Meer in uns.«

In den darauffolgenden Tagen stelle ich fest, dass die Öffnungszeiten der Bibliothek aufgrund des ununterbrochenen Bombardements reduziert wurden. Wenn morgens pausenlos Fassbomben vom Himmel regnen, bleibt sie geschlossen. Manchmal wird sie auch von den Kindern und Jugendlichen des Viertels belagert, die herkommen, um kurz »Luft zu schnappen«, denn die provisorischen Schutzräume mancher Familien sind nicht viel größer als eine kümmerliche Mausefalle. Einer von ihnen, Amjad, hat sie zu seinem neuen Lieblingsplatz erkoren. Seine Freunde nennen ihn schon »den Bibliothekar«. Sobald sich die Lage auch nur ein wenig beruhigt, öffnet die Bücherhöhle erneut ihre Türen, und sofort gehen die Diskussionen weiter.

Hier kommt ein neues Video: Der Redner trägt ein rotes T-Shirt, er fordert die Teilnehmer auf, kleine Gruppen zu bilden, an die er jeweils mehrere aus Karton ausgeschnittene Puzzlestücke verteilt. »Ihr habt fünfundvierzig Sekunden Zeit, um euer Puzzle wieder zusammenzusetzen.« Nach Ablauf der Frist hat nur ein einziges Team die Aufgabe gemeistert. Der Dozent lächelt. »Kein Wunder, sie waren ja auch die Einzigen, die die Vorlage gesehen hatten, bevor sie das Puzzle zusammensetzten.« Seine Schlussfolgerung daraus: »Wenn du keinen genauen Plan vor Augen hast, bleiben deine Gedanken konfus. Wenn du deine Prioritäten festlegst, ist das Risiko, vom Weg abzukommen, geringer.« Im Raum herrscht Schweigen. »Folge nicht blind der Gruppe«, fügt er hinzu. »Erforsche neue Orte, neue Welten.« Welch ironischer Rat in einer belagerten Stadt, aus der es keinen Notausgang mehr gibt. Doch er geht noch einen Schritt weiter: »Das Wichtigste ist das eigene Denken. Lass dich von niemandem manipulieren und dazu bringen, seinen Zielen zu dienen.« Nicht ein einziges Mal fallen die Namen Assad oder Islamischer Staat. Doch alle im Raum haben die Aussage verstanden: Verweigert euch dem einseitigen, beschneidenden Denken, geht keiner verfälschten Wahrheit auf den Leim. Nickend beugen sich die Teilnehmer über ihre Hefte und machen sich Notizen.

Plötzlich geht das Licht aus. In einer Ecke des Raums wird ein Overheadprojektor eingeschaltet, und die weiße Wand verwandelt sich in eine Kinoleinwand. In dieser multifunktionalen Bibliothek werden auch Filme geschaut! Der heutige Kurzfilm heißt *2+2=5*. Es ist die Geschichte eines Lehrers, der seine Schüler unter Androhung von Strafe zwingt, diese falsche Rechnung zu wiederholen. Diese Fabel über die Verfertigung der Lüge durch Gewalt erinnert unweigerlich an die »falsche Formel« aus dem unumgänglichen *1984* von George Orwell. Die Aktivisten haben den Film des im Exil lebenden iranischen Regisseurs Babak Amiri aus dem Internet heruntergeladen. Und er enthält eine hoffnungsvolle Botschaft: Am Ende der Mathematikstunde lehnt sich ein Schüler ganz hinten in der Klasse gegen die herrschende Ordnung auf, indem er die vorgegebene Zahl in seinem Heft mit dem Bleistift durchstreicht und sie durch eine »4« ersetzt. Tosender Applaus im Saal. Von dem unverständlichen Stimmengewirr gewiegt, lese ich den auf Arabisch geschriebenen Satz, der die gesamte weiße Wand einnimmt: »Wenn alle etwas glauben, ist es deswegen auch wahr?«

Die Ressourcen dieser jungen Leute auf dem Grund des schwarzen Lochs von Daraya sind unerschöpflich. In diesem von Ruinen umgebenen Heiligtum sammeln sie Bezugspunkte, erkunden neue Ideen, bereichern ihr kulturelles Gepäck jeden Tag ein wenig mehr, wie lauter kleine Kerzen, die sie anzünden, um nachts eine Tür ins Freie zu finden. Ein geheimes unterirdisches

Leben, in dem sich das von oben verordnete Schweigen in einen Aufschrei von Zorn und Mut verwandelt. Ich betrachte sie. Sie sind von dem gleichen Feuer beseelt wie der Schüler, der bis zum Schluss Widerstand leistet: Sie widersetzen sich dem herrschenden Diktat, weigern sich, sich vom Lärm der Kanonen ablenken zu lassen, und verwandeln die düstere Realität des Krieges in eine Herausforderung, die es auf dem Weg voran zu bewältigen gilt. Mit jedem Film, den sie schauen, jedem Buch, das sie lesen, bemühen sie sich, eine neue Seite der Geschichte ihres Landes zu schreiben.

Sie wissen, dass es ein steiler Weg ist. Fern der oft sterilen Diskussionen der Exil-Opposition, fern der Genfer Luxushotels und der Korruptionsskandale bewegen sie sich in winzigen Schritten vorwärts und sammeln lieber erst einmal eine große Bandbreite an Ideen und Gedanken, statt übereilte Schlüsse zur Farbe der künftigen Fahne, der Stellung des Islam in der Gesellschaft oder der Rolle der Kurden im künftigen Syrien zu ziehen.

Das berühmte »türkische Modell«, das zu Beginn des Arabischen Frühlings als Vorbild gepriesen wurde, ist ihnen nicht gleichgültig. Sie alle wollten zu einem bestimmten Zeitpunkt an diese mögliche Synthese von »Islam, Demokratie und Wachstum« glauben. Doch sie wahren einen kritischen Blick. »Ist die türkische Erfahrung auf andere Länder übertragbar?«, fragt einer der Aktivisten aus Daraya in einem weiteren

Video. Und es ist Omar, der Ibn Khaldun und Leiter der Debatte, der ihm scharfsichtig antwortet: »Ja, aber nur unter der Bedingung, dass sie aus den Fehlern Erdogans lernen.« Weitere Fragen werden laut. Was soll auf die Protestbewegung folgen? Wie kann man den Übergang gestalten? Welche Herrschaftsform ließe sich etablieren? Lässt sich der politische Islam mit der Demokratie vereinen?

Ihr Wissensdrang kennt keine Grenzen. Eines Februarmorgens enthüllt mir Ahmad die Existenz eines weiteren unterirdischen Horts des Meinungsaustauschs, der Ende 2015 ganz in der Nähe der Bibliothek eröffnet wurde. Unter größter Geheimhaltung werden in diesem zweiten Diskussionsforum per Skype Videovorträge für die Einwohner der Stadt organisiert. Sie sitzen vor einem riesigen Bildschirm und dürfen die im Exil lebenden Professoren und Dissidenten jeglicher Couleur, die sich dort abwechseln, alles fragen, was ihnen in den Sinn kommt. Die Gelegenheit, den Grundstein zu legen für ein offeneres und toleranteres politisches Projekt als jenes, in dem sie aufgewachsen sind.

»In den vergangenen Wochen hatten wir den laizistischen Oppositionellen Burhan Ghalioun zu Gast. Und den christlichen Dissidenten Georges Sabra«, erläutert mir Ahmad. »Wir haben sogar Huthaifa Azzam reden lassen, den Sohn eines ehemaligen palästinensischen Dschihadisten, der sich von der Gewalt, die sein Vater predigte, losgesagt hat: ein Weg, unsere jungen Leute davon abzuhalten, sich radikalem Gedankengut zuzuwenden.«

Aus Sicherheitsgründen ist bisher kein Bild von diesen hinter verschlossenen Türen stattfindenden Vorträgen aus der Stadt gedrungen. Um nicht die Aufmerksamkeit des Regimes und erst recht nicht die seiner Fassbomben abwerfenden Helikopter zu erregen, haben die Organisatoren sogar die alte Tradition der Mundpropaganda wiederaufleben lassen, um die Termine der Diskussionsrunden bekannt zu machen.

»Es ist eine Universität, wie wir sie uns immer erträumt haben. Ein Ort des Lernens, ohne vorab gezogene rote Linien, frei von Zensur und für alles offen«, erklärt Ahmad.

Diese vor Angriffen geschützte geheime Universität ist ein Ort der Grenzüberschreitung. Grenzüberschreitung durch Bildung. An die Tafel ihrer neuen Partitur können die Rebellen von Daraya endlich Fluchtlinien zeichnen, die von einer im Entstehen begriffenen Zukunft künden. Die zarte Melodie einer im Sterben liegenden Stadt, welche selbst in tiefster Finsternis noch Widerstand leistet.

Wenn sich alle Türen schließen, bedeutet die kleinste Öffnung eine unglaubliche Erleichterung. In diesem endlos erscheinenden Februar 2016 erzählt mir Ahmad von einem ungewöhnlichen Buch, das in Daraya alle Ausleihrekorde bricht.

»Kennst du *Die Sieben Wege*?«, fragt er mich eines Tages durch die Trennscheibe des Bildschirms hindurch.

»Die was?«, entgegne ich verwundert.

»*Die Sieben Wege zur Effektivität* des Amerikaners Stephen Covey!«

Bei ihm klingt das ganz selbstverständlich. In seinem Land herrscht Krieg. Seine Stadt wurde in den Abgrund gerissen. Daraya, gefangen in Lärm, Explosionen und Rauch. Und aus dem Herzen der »*karkabeh*« heraus erzählt mir Ahmad von einem Leitfaden zur persönlichen Optimierung, einem Buch, wie man es in unseren westlichen Gesellschaften schätzt, wo das Individuum stets Vorrang hat vor der Gemeinschaft. Dieser internationale Bestseller, von dem ich lediglich eine Zusammenfassung gelesen habe, beschreibt die Persönlichkeitsentwicklung als notwendiges Voranschreiten auf dem Wege des Erfolgs und der persönlichen Effektivität. In Paris, London, New York oder Dubai befolgen Manager eifrig seine Lehren. Das Werk wurde in achtunddreißig Sprachen übersetzt, darunter auch Arabisch. Aber dass es seinen Weg in die Regale von Daraya finden würde …

»Dieses Buch bedeutet uns sehr viel«, erläutert Ahmad. »Es ist gewissermaßen unser Kompass …«

So ist das Leben in Daraya. Im Gegensatz zu den von Damaskus propagierten Klischees besteht die neue Religion der vermeintlich »irren Gotteskrieger« aus der Konstruktion des »Ich«. Ein persönlicher Prozess, der das Bild blutrünstiger, vom Islam instrumentalisierter Desperados, welches das Regime zu verbreiten sucht, Lügen straft. Aber wie konnte ein solches Werk auf die Liste ihrer Lieblingsbücher geraten?

»Ustaz hat uns davon erzählt«, antwortet Ahmad.

Ustaz, der Veteran des zivilen Ungehorsams in Daraya. Der unermüdliche Professor hat eindeutig mehr als nur ein Eisen im Feuer …

»Er hat es zum ersten Mal im Gefängnis von Saidnaya gelesen«, fährt Ahmad fort. »Eine Offenbarung! Um in diesem feindlichen Universum nicht zusammenzubrechen, hat er es zu seinem Leitfaden gemacht. Seitdem hat er die Philosophie der *Sieben Wege* für sich übernommen, und es war ihm wichtig, sie auch uns nahezubringen.«

Von einem Gefängnis ins nächste … Inspiriert von den Hafterfahrungen ihres Mentors, haben die jungen Rebellen dort im Dunkeln das amerikanische Selbsthilfebuch an ihre ganz besonderen Bedürfnisse angepasst. Im Westen blättern wir darin, wenn wir eine effiziente Lösung für vorübergehende Krisen suchen: Scheidung, Trennung, Verlust des Arbeitsplatzes. Schlichte Worte für bekannte Probleme. Den syrischen Lesern jedoch, sei es in Daraya oder im Gefängnis, bietet es keine vorgefertigten Antworten, sondern den Schlüssel zum Überleben in einer Welt außerhalb jeder Norm. Dieses Buch ist der Psychologe, den sie nicht haben, ein beruhigender Gefährte in den quälendsten Momenten der Ungewissheit. Ein wirksamer Notbehelf nicht nur gegen das durch den gewaltsamen Konflikt ausgelöste Gefühl der Unsicherheit, sondern auch in den Krisen, die durch das enge Zusammenleben in einem abgeschotteten Raum entstehen. Denn der im Alltag von Daraya allgegenwärtige Krieg schafft freigebig Gelegenheit zu Auseinandersetzungen, wie sie ein solches Leben »hinter Gittern« hervorruft: Streit, Eifersüchteleien, politische Unstimmigkeiten …

»Das Buch hat mir dabei geholfen, Ordnung in meine Gedanken zu bringen. Aber auch dabei, das Leben in der Gruppe besser zu verstehen: Wie können wir den anderen mit seinen Eigenheiten akzeptieren? Oder wie kann es uns gelingen, ein Klima des gesunden Wettstreits zwischen uns aufrechtzuerhalten?

Zunächst begnügte sich Ahmad mit einer Zusammenfassung, die Ustaz ihnen gegeben hatte. Das Buch stand nicht auf der Liste der aus den Trümmern geretteten Werke. Um es ganz lesen zu können, hat ihm wieder einmal das Internet den Weg gewiesen. Nach einigen Recherchen auf den verschlungenen Pfaden von Google erschien plötzlich das PDF der *Sieben Wege* auf seinem Bildschirm. Er brauchte es nur noch herunterzuladen und auszudrucken. Aber im von der Außenwelt abgeschnittenen Daraya ist Papier ein ebenso seltenes wie kostbares Gut. Da kam Ahmad auf die Idee, vier Buchseiten auf eine A4-Seite zu quetschen. Mehrere Spalten in winziger Schrift, die sich auf dem Papier drängten wie die Ölsardinen, zusammengeheftet wie einst die illegalen Pamphlete, die vor der Revolution unter der Hand weitergegeben wurden.

»Auch wenn man die Augen zusammenkneifen muss, um es überhaupt lesen zu können, wird es uns regelrecht aus den Händen gerissen. Die *Sieben Wege* sind unglaublich beliebt. Um der Nachfrage Herr zu werden, haben wir es schließlich noch ein zweites Mal ausgedruckt. Es war sogar die Grundlage für zwei Vortragsreihen: die erste in den Räumen der Bibliothek und anschließend noch eine in dem neuen unterirdischen Diskussionsforum. Yasser al-Aiti, ein Experte für die arabische Welt, hat per Skype die Moderation übernommen. Dieses Buch ist ein wahres Phänomen!«, berichtet Ahmad.

Eingerissen, ausgebleicht und mit Eselsohren versehen, wandert das Manuskript von Hand zu Hand. Es wird gelesen, wiedergelesen und wie ein Totem in die Höhe gehalten. In diesem Winter 2016, der besonders viele Todesopfer fordert, hat dieses Buch etwas Beruhigendes, was in den letzten Bewohnern der Stadt die Hoffnung aufrechterhält, der seit mittlerweile fünf Jahren andauernde Konflikt werde irgendwann doch noch enden. Die Ideen des Werkes zu verinnerlichen bedeutet, den Krieg als etwas Vorübergehendes zu betrachten. Es bedeutet, eine gewisse Normalität wiederzufinden, die Gewalt der Bombardements und die tägliche Konfrontation mit dem Tod auf Distanz zu halten. Das Buch lindert die Ungeduld der Kämpfer, die nicht erwartet hatten, dass die Belagerung so lange dauern würde. Auch und vor allem aber bietet es seinen Lesern die Möglichkeit, in prosaischeren Worten Zuflucht zu suchen, wenn die ununterbrochenen Erschütterungen durch die Bombeneinschläge sie zwingen, auf die Gesellschaft literarischer Werke und politischer Betrachtungen zu verzichten. In den Tiefen des Abgrunds ist es eine virtuelle Couch, die den gequälten Seelen Trost spendet.

Als Daraya am 27. Februar 2016 erwacht, herrscht eine erstaunliche Ruhe. Nicht ein Kondensstreifen am Himmel, kein Schuss, nicht einmal der Klang einer Sirene oder das Dröhnen eines Hubschraubers. Eine plötzliche, fast schon beunruhigende Stille liegt über der belagerten Enklave. Ein paar Stunden später werden die Gerüchte über eine Feuerpause bestätigt: Nach mühseligen Verhandlungen ist es Washington und Moskau gelungen, eine Waffenruhe zwischen Anhängern und Gegnern Assads auf dem gesamten syrischen Staatsgebiet zu vereinbaren. Die Bomben sind verstummt. Der Krieg ist ausgesetzt. Zumindest vorübergehend. Ein neues Kapitel für Daraya?

Mit der Waffenruhe kehrt ein Anschein von Leben in die Enklave zurück. Wie das Unkraut, das zwischen den Ruinen wächst, kommen die letzten Bewohner endlich aus den Kellern der Märtyrerstadt hervor. Ein Kopf, zwei Köpfe, drei Köpfe, tausend Köpfe … Mit zusammengekniffenen Augen, fahler Haut und taumelnd vor Erschöpfung atmen sie den Geruch des

Normalen ein, horchen aufmerksam in die Stille, suchen das Unstimmige. Am anderen Ende der Internetverbindung hat Ahmad sein Lächeln wiedergefunden. Mit fröhlicher Stimme schildert er mir seinen Alltag ohne Donnerschläge.

Abgesehen von gelegentlichem Artilleriefeuer herrscht Ruhe in der Stadt. Begeistert erzählt er mir von den kleinen Gruppen, die sich an den Kreuzungen zusammenfinden, von den Plakaten, die an den Straßenecken auftauchen, den eingerosteten Worten, die wieder geschmeidig werden, den Parolen, die erneut hörbar werden, als seien sie alle ins Leben zurückgekehrt. Mein E-Mail-Postfach quillt über von Fotos, die er mir schickt. Ein junger Mann reckt ein selbst geschriebenes Schild in die Höhe: »Ich möchte eine Kerze im Dunkeln sein.« Das ist ein Gedicht des Palästinensers Fayeq Oweis, auf Arabisch kalligrafiert. Auf einem anderen Bild hält ein weiß verschleiertes junges Mädchen ein Stück Pappe in den zitternden Händen. »Ich bin weder die Nusra-Front noch der Islamische Staat«, lese ich. »Ich bin nur ein Mädchen, das unter der Belagerung von Daraya leidet.« Neben improvisierten Versen und politischen Parolen feiern die Plakate das wiedergefundene Wort »Freiheit«. Ein Hauch von Revolution, wie ganz am Anfang, sagt Ahmad leise. Und wieder der gleiche Schauer wie damals am allerersten Tag.

Über ihren Köpfen leuchtet der Himmel in einem vom gleißenden Sonnenlicht fast weiß gefärbten Blau.

Ein früher Frühling, als könnte er es kaum erwarten, endlich anzubrechen. Auf jedem Foto, das ich erhalte, erkenne ich die kleinen Zeichen wiedergefundenen Glücks. Kinder klettern auf dem Gerippe einer wackligen Schaukel herum. Jugendliche strömen auf einen menschenleeren Platz. Eine Katze läuft vorbei. Ein Vogel hat es sich auf einem abgerissenen Kabel bequem gemacht. Ahmad erzählt mir, dass die Bibliothek wieder ihre üblichen Öffnungszeiten anbietet. Dass die Bücher wieder von Hand zu Hand wandern. Dass die drei Schulen der Stadt nach wochenlanger Unterbrechung wieder ihre Türen geöffnet haben. In den Klassenräumen beginnen die Schüler wieder zu lesen und zu schreiben, die Jungs kabbeln sich, und die Mädchen basteln aus dem, was sie finden, einfache Armbänder. Es ist noch kalt, doch ihren Herzen ist warm. Gewärmt von der Rückkehr zum gewohnten tröstlichen Trubel. Gewärmt vom Lachen. Der Lust zu lernen, weiterzumachen, voranzukommen. Einfach nur zu leben! Während ich Ahmad zuhöre, stelle ich mir die kleinen Finger vor, die sich über den staubigen Pulten in die Höhe recken, die Lehrerin, die sich bemüht, für Ruhe zu sorgen, die unzähligen Fragen, die an den aufgerissenen Wänden widerhallen. 2+2, das 4 ergibt und nicht 5. Die Schule, die richtige Schule. Ohne Filter oder falsche Kurzsichtigkeit.

Endlich sind auch die Frauen, diese großen »Unsichtbaren«, wieder in den Straßen zu sehen. Wie der

Dunkelheit entflohene Schatten wagen sie sich aufs Neue aus ihren Schutzräumen. Ins Freie zu gehen bedeutet keine Gefahr mehr. Das Verstummen des stählernen Getöses lässt sie aufatmen, und so kehren sie zu den harmlosen Plaudereien über jene belanglosen Problemchen zurück, die das Salz des Lebens sind. Keine schlaflosen Nächte mehr, keine unstillbaren Tränen ihrer panischen Töchter und Söhne, keine Angst mehr davor, einzuschlafen und nie wieder aufzuwachen. Tag und Nacht fließt die Milch nun wieder aus den Brüsten der jungen Mütter, die ihre Babys im Bombenhagel nicht stillen konnten. Die Mutigsten von ihnen schieben verrostete Kinderwagen vor sich her und präsentieren ihre Säuglinge stolz wie Trophäen. Rund sechshundert Kinder sind seit dem Beginn der Belagerung geboren worden. Die meisten davon sind in irgendwelchen Löchern zur Welt gekommen und sehen jetzt zum ersten Mal in ihrem Leben das Tageslicht. Sie weinen, schreien, brabbeln. Kindermund tut Wahrheit kund, heißt es, und was gäbe es Besseres als das Plappern dieser Kleinen, um ein Regime Lügen zu strafen, das beharrlich behauptet, in Daraya gäbe es keinen einzigen Zivilisten mehr …

Nach Monaten in der Hölle heben die Rebellen in Daraya endlich wieder den Kopf. Graben ihre Träume aus. Schmieden Pläne. Lebenspläne. Hochzeitspläne. Berufliche Pläne. Detailreich wie eh und je berichtet mir Ahmad von den anderen. Ustaz, der Lehrer, hat die unverhoffte Atempause genutzt, um für diejenigen, die endlich an Verlobung und Heirat zu denken wagen, ein Beratungsseminar zu ehelichen Beziehungen zu organisieren. Omar ist in die Bibliothek zurückgekehrt. Nach einer längeren Unterbrechung liest er nun mit umso größerem Eifer und hält auch wieder Vorträge. Zu lernen und sein Wissen mit anderen zu teilen ist ihm ein tiefes inneres Bedürfnis. Genau wie der Drang, sich wieder einmal richtig auszutoben. Inmitten eines Ruinenfelds erblickt ein Fußballplatz das Licht der Welt. Eilends werden die Löcher im Boden gefüllt, Erdhügel eingeebnet, Trümmer beiseitegeräumt. Acht Mannschaften zu je zehn Spielern werden gebildet. In jedem Team Soldaten, Aktivisten und Schaulustige. Die Freundschaftsspiele werden im T-Shirt ausgetragen, vor einem neugierigen Publikum, das auf improvisierten Tribünen Platz genommen hat. Plötzlich scheint alles möglich. Das Futur tritt an die Stelle des Konjunktivs. Im Präsens zu leben ergibt wieder einen Sinn. Dem *dress code* der Stadt entsprechend, hat sich sogar die Grammatik frühlingshaft herausgeputzt.

Auch die Mauern künden vom wiedererwachten Leben. Hinter einer Straßenecke, an der Kante eines aufgerissenen Bürgersteigs, manchmal auch am Sockel einer ausgezackten Fassade tauchen Gedichtblüten auf, Sternbilder aus Schablonenzeichnungen, Schilde aus Worten … Abu Malek al-Shami, der Graffitikünstler der Gruppe, durchstreift mit seinen Farbdosen die Stadt und gibt der Hoffnung ein buntes Gesicht. Auf eine von der Druckwelle einer Explosion halb weggerissene Fassade hat er ein vier oder fünf Jahre altes Mädchen in einem blau-gelben Kleid gemalt. Auf einem Hügel aus Totenköpfen stehend, schreibt es mit seiner molligen Hand in Großbuchstaben das Wort »HOPE«. Dieses Wandbild ist eine Lektion in Sachen Optimismus. Ein Zeichen des Protests, das den Krieg verspottet.

Ein weiteres von Ahmad fotografiertes Wandgemälde erregt meine Aufmerksamkeit. Es befindet sich in einem Klassenzimmer mit kaputten Fenstern. Auf dem Boden türmen sich die Überreste von Pulten und Metallstühlen. Im Hintergrund hängt die Wandtafel, über die Abu Malek al-Shami seine Kreide von rechts nach links hat gleiten lassen. Ich lese die auf Arabisch geschriebenen Worte: »Früher scherzten wir: Hoffentlich stürzt die Schule ein. Und jetzt ist sie eingestürzt.« Selbstironie, jener andere Schutzpanzer. Mein Blick wandert ein Stück weiter nach links, wo die Illustration fortgesetzt wird: Sie zeigt einen Jungen in zerlumpter Kleidung, barfuß und mit einer Schultasche auf dem Rücken, der in blutroten Lettern »Daraya« schreibt. Mir kommt ein anderer Aktivist und Street-Art-Künstler in den Sinn, Madjd Mohadamani, von dem mir Ahmad vor Kurzem erzählt hat. Er wurde am 19. Februar 2016 durch eine von einem Armeepanzer abgefeuerte Granate getötet. Und natürlich denke ich unweigerlich auch an die Teenager aus Deraa, die Anti-Assad-Parolen gesprüht hatten und deren Verhaftung 2011 zum Auslöser für die Revolution wurde.

Dieses Bild erscheint wie eine Hommage an sie.

Und gleichzeitig wie der Wunsch, aller Welt zu verkünden: »Wir stehen noch aufrecht.«

Trotz seiner blauen Flecke feiert Daraya beharrlich das Leben.

Samstag, der 19. März 2016. Ich komme gerade von einer Reportagereise aus Izmir zurück, dem türkischen Badeort, wo die Schlauchboote mit syrischen Flüchtlingen ablegen, von denen viele auf hoher See kentern. Hunderte Tote, begraben unter den Wellen. Die unsichtbare, erschreckende Kehrseite des Krieges. Meine vierjährige Tochter erwartet mich in Istanbul, die kleinen Ärmchen nach meinem Herzen ausgestreckt. Mir selbst ist das Herz schwer. Ich weiß, dass so viele Kinder ihres Alters ein nasses Grab gefunden haben. Wie üblich will Samarra alles über meine Reise wissen. Mit vier Jahren ist das Leben ein Katalog aus Fragen. Auf dem Bildschirm meines Smartphones zeige ich ihr mit Hello Kitty bedruckte Rettungswesten – die werden vor der gefährlichen illegalen Überfahrt nach Griechenland für die Kinder verkauft. Natürlich erzähle ich ihr nichts von Schiffbruch oder Tod. Ich zeige ihr lediglich ihre kleine Lieblingskatze. Sie lächelt. Und erinnert mich daran, dass heute Samstag ist und um elf Uhr die Märchenstunde im Institut Français beginnt. Dieser kostbare Moment, der nur uns beiden gehört. Wir ziehen unsere Mäntel und Stiefel an – der Wetterbericht meldet Regen – und gehen hinunter auf die Straße. Hand in Hand laufen wir durch die Alleen in Richtung Taksim-Platz. Dort drängen sich die Menschen, in der Nähe der alten roten Straßenbahn begegnen wir dem Simit-Verkäufer. Französische Touristen machen Selfies. Ein iranischer Besucher sucht nach dem Weg. Schwarz verhüllte Saudi-Araberinnen rufen ein Taxi heran. Auf der gegenüberliegenden Seite, wo der Istiklal-Boulevard abzweigt, singt ein syrischer Bettler für ein paar Münzen ein Lied. Zu seinen Füßen picken Tauben Brotkrumen auf.

Es ist 10 Uhr 57. In drei Minuten beginnt das Märchen. Am Anfang der Istiklal angekommen, setze ich einen Fuß auf die erste Stufe des Institut Français. Hinter mir höre ich Samarra leise singen: »Was für ein schöner Tag!« Vor der Eingangstür reiche ich dem Wachmann meine Handtasche. Er kommt nicht mehr dazu, sie zu öffnen. Ein Knall zerreißt die Luft. Ein metallisches Brüllen. Gewaltsam. Besitzergreifend. Benommen drehe ich mich um. Eine Woge der Panik fegt durch die Fußgängerstraße. Mit gesenktem Kopf rennen die Menschen in Richtung Taksim-Platz. Eine kopflose Herde. Die Explosion war so nah. Unerwartet. Etwa zehn Meter entfernt – vielleicht weniger? Ich rühre mich nicht mehr, Samarra drängt sich an mich. Der Wachmann des Instituts schubst uns ins Innere des Gebäudes. Hinter uns schließen sich die Türen.

Lärm dringt von draußen herein. Ein besorgtes, verständnisloses Stimmengewirr. Chaos auf der Straße.

Samarra zupft mich am Ärmel: »Was war das?« Sie beruhigen, um jeden Preis. Der Frage ausweichen. Die Gedanken auf das Leben richten, mit dem wir davongekommen sind. Mich an das Wort »Hoffnung« klammern, jenes Wort auf einem fernen Wandbild. Von Feuerwerk reden. Und sie daran erinnern, dass es elf Uhr ist – Märchenstunde. Ihre kleine Hand nehmen. Durch den Garten zur Mediathek hinübergehen. Die Stufen hinabsteigen. Die Glastür öffnen, die zu den Büchern führt. Unten hat niemand die Detonation gehört. Die Bücher bilden einen Wall. Einen Bunker aus Papier. Es ist fünf nach elf, und ich flüstere Julie, der Märchenerzählerin, ins Ohr, was passiert ist. Erwähne das Wort »Bombe«. Sie runzelt die Stirn. Richtet sich auf. Klatscht in die Hände. »Na los, das Märchen fängt an!« Ihre Selbstbeherrschung ist bewundernswert. Die auf der Bank aufgereihten Kinder verstummen. Es ist Märchenstunde, und heute ist die Geschichte von Alfred, dem stinkenden Hund, an der Reihe. Es ist Märchenstunde, und draußen rasen die Krankenwagen. Es ist Märchenstunde, und Alfred ist ein verfressener Hund, der gerne Knochen futtert. Es ist Märchenstunde, und auf meinem Smartphone überschlagen sich die Nachrichten. Der Anschlag wurde bestätigt. Ein Selbstmordattentäter. Mindestens vier Tote. Dutzende Verletzte. Man macht den Islamischen

Staat dafür verantwortlich. Alfred bellt. Sirenengeheul. Julie liest vor. Das Dröhnen von Hubschraubern. Julie blättert die Seiten um. Kinderlachen. Alfred ist ein Zauberhund, der Gesichter in Sonnenschein verwandelt. Hinter der Mauer aus Büchern blutet die ins Herz getroffene Stadt. Die Sterne der Fiktion gegen die Funken der Realität.

Es ist Viertel vor zwölf, die Geschichte ist bald zu Ende. Und danach? Ich verspüre den unbändigen Wunsch, nicht mehr an die Oberfläche zurückzukehren, die unbeschwerte Atempause so lange wie möglich andauern zu lassen, hier unten in dieser Höhle zu bleiben und noch mehr Geschichten zu hören. Von Hunden. Von Katzen. Von Schnecken. Von Flöhen. Sie wahllos in mich hineinzustopfen. Ich verspüre den Drang, alle Bücher in meiner Reichweite zu lesen. Bis es dunkel wird. Kann da draußen jemand die Sirenen ausschalten? Die Polizisten davon abhalten herumzubrüllen? Meinem Chefredakteur sagen, dass die Reportage diesmal warten muss? Es ist noch zu früh, um hier hinauszugehen. Um die Kinder mit der Wirklichkeit zu konfrontieren. Um ihnen das Recht auf Träume zu nehmen – das Recht auf Hoffnung! Bücher als trostspendende Hülle. Doch der Wachmann hat andere Prioritäten. Er sagt, er habe Anweisung, die Bibliothek zu evakuieren. Und zwar unverzüglich. Folgen Sie mir. Immer dicht an der Wand entlang. Einer nach dem anderen. Gehen Sie bis ans Ende des Gartens.

Verlassen Sie ihn durch die hintere Pforte. Los, schneller. Alles Gute!

Es ist zwölf Uhr mittags. Abgesehen von einigen aufgeschreckten Möwen liegt der Taksim-Platz verlassen da. Nie zuvor schien es so lange zu dauern, ihn zu überqueren. Ich trage Samarra auf dem Arm. »Ich glaube, das ist das erste Mal, dass ich eine Explosion gehört habe«, sagt sie leise. Was soll ich darauf erwidern? Ich schweige. Meine Antwort wäre ohnehin im Dröhnen der Hubschrauber untergegangen. Jetzt fragt sie mich, wieso so viele von ihnen da oben herumfliegen. »Wegen des Gewitters … Du weißt doch noch, heute Morgen, als du deine Stiefel angezogen hast?« Es ist die erstbeste Ausrede, die mir in den Sinn kommt. Schließlich ist jetzt Märchenstunde.

Zu Hause überfällt mich der kaum beherrschbare Impuls, sie anzurufen. Ahmad, Shadi, Abu el-Ezz, Omar. Ihnen zu erzählen, was passiert ist. Dass die Gewalt näher gerückt ist. Ich will ihnen von der Todesangst erzählen, vom Trost, den die Bücher spenden, von der Fiktion als Ausweg in eine andere Welt, von dem Zufluchtsort aus Papier. Ihnen erzählen, was sie bereits wissen, was sie seit mittlerweile drei Jahren jeden Tag, jede Stunde, jede Minute erleben. Wozu? Verglichen mit der Hölle von Daraya, ist der Anschlag auf der Istiklal nur eine Randnotiz.

Zwei Wochen später, am 5. April, erreicht mich eine weitere Mail aus Daraya. Diesmal ist es ein Brief mit mehreren Absendern. Ein Schrei der Verzweiflung, unterzeichnet von siebenundvierzig Frauen der Stadt.

Wir sind die Frauen der belagerten Stadt Daraya in Syrien, und wir appellieren dringend an Sie, unsere Stadt zu retten. Die syrische Tragödie mit ihren wiederholten Bombardierungen, ihren Zerstörungen und ihrer erbarmungslosen Belagerung hält unvermindert an. Unsere Stadt hat in den vergangenen drei Jahren das Schlimmste durchlitten. Die Zivilbevölkerung zahlte einen hohen Preis für die Politik des Aushungerns. Unserer Stadt mangelt es an allem, von den einfachsten Dingen wie Salz bis hin zu Komplexerem, etwa Kommunikationsmöglichkeiten mit der Außenwelt.

Nachdem Daraya von Muadamiya abgeschnitten wurde, hat sich die Lage noch einmal dramatisch verschlechtert. Die Stadt ist nun hermetisch abgeriegelt, selbst für Zivilisten, die aus ihr zu fliehen versuchen. Wir achttausend Einwohner sind auf uns allein gestellt. In letzter Zeit spielte sich unser gesamtes Leben aus Angst vor den Bomben im Untergrund ab.

Seit der kürzlich vereinbarten Feuerpause ist wieder Ruhe in der Stadt eingekehrt. Trotzdem gibt es kaum noch Leben außerhalb der Schutzräume, weil alle Gebäude gewaltsam zerstört wurden.

Wir appellieren an alle, die entweder unmittelbar oder aus der Ferne sehen, was hier geschieht: Wir brauchen dringend Hilfe.

Es gibt keine Lebensmittel mehr in Daraya. Es kommt zu Fällen von Unterernährung, und wir begnügen uns mit Suppen, die wir aus Kräutern kochen, um damit notdürftig unseren Hunger zu stillen. Einige Unterzeichnerinnen dieses Briefes haben seit zwei Tagen nichts mehr gegessen – manche noch länger.

Wir haben kein Milchpulver mehr für die Kinder. Aufgrund der Unterernährung können die Frauen nicht mehr stillen. Selbst so grundlegende Dinge wie Spülmittel sind nicht mehr verfügbar. Uns fehlen sogar Reinigungsmittel, um die Hygiene zu gewährleisten und Epidemien zu vermeiden.

Wir, die Frauen von Daraya, fordern:

- *Die sofortige Aufhebung der Belagerung rings um die Stadt.*
- *Die Öffnung der Verbindungswege und die Lieferung der am dringendsten benötigten Dinge, von Nahrung über Trinkwasser, Kleidung, Schuhe und Putzmittel bis hin zu Medikamenten.*

Wir flehen die Vereinten Nationen und alle Hilfsorganisationen an, unverzüglich in die Stadt zu kommen und allen Betroffenen schnellstmöglich zu helfen.

Wir bitten die Journalisten inständig, über Daraya zu berichten und die Aufmerksamkeit auf das Schicksal unserer Stadt zu lenken, ehe eine allgemeine Hungersnot ausbricht. Wir stehen kurz davor, mit ansehen zu müssen, wie Menschen verhungern. Säuglinge und Alte werden die ersten Opfer sein. Wir flehen Sie an, tun Sie das Nötige, bevor es zu spät ist.

Nacheinander entziffere ich die Namen unter dieser Botschaft: Sawsan, Khadidja, Azizah, Mouna, Ikram, Samar, Najaa, Amal, Malak, Amani, Kinaz, Samira, Rama, Haifa, Fatemah, Maha, Merzat, Nour, Joumana, Afraa, Ghada, Khouloud, Warda, Loubna, Amenah, Ayat … Eine lange Reihe von Namen, mit blutiger Tinte geschrieben wie ein letztes SOS an die Welt.

Ich glaube, das ist das erste Mal, dass die »Unsichtbaren« ihr Schweigen brechen. Dass sie aus der Anonymität hervortreten, auch auf die Gefahr hin, auf einer schwarzen Liste des Regimes zu landen. Ich wage mir kaum vorzustellen, wie groß ihre Verzweiflung sein muss, dass sie ihre traditionelle Zurückhaltung aufgeben. Ihr Brief ist eine Entblößung, frei von jedem Bedürfnis zu gefallen, zu verführen, zu manipulieren.

Ich weiß nichts über sie. Ich sehe sie nicht. Aber ich höre sie. Ich ahne, wer sie sind. Hausfrauen, Lehrerinnen, Hebammen, Aktivistinnen. Ich erahne ihre alltägliche Verzweiflung. Ich ahne ihre Erschöpfung, ihre Fehl- und Frühgeburten, die Monatsbinden, die ihnen ausgehen. Ich ahne das Bettnässen der von Panik erfassten Kinder, die schlaflosen Nächte der aufgewühlten Mütter, die Tränen in der Dunkelheit. All das Leid, über das niemand spricht, das der Krieg erstickt, um nur die Tapferkeit der Kämpfer zu rühmen. Aber hinter dem Triumph der Männer steht auch das Leid der Frauen.

Jeder Krieg hat seinen Anteil verborgener Weiblichkeit … Ein paar Tage nachdem ich diesen gemeinschaftlichen Brief erhalten habe, lerne ich Hussam Ayash kennen, eine weitere wichtige Stütze der jungen Gruppe in Daraya. Mit seinem perfekten Englisch, das er aus Büchern gelernt hat, ist er für die Außenkommunikation des Lokalrats verantwortlich, verbreitet Bekanntmachungen, übersetzt die Korrespondenz, beantwortet die Fragen der ausländischen Journalisten. Hinter dem Skype-Fenster wirkt er in seinem blauen Adidas-T-Shirt regelrecht verloren. »Innerhalb von drei Jahren habe ich achtzehn Kilo abgenommen«, sagt er. Mit zweiunddreißig Jahren wiegt er bei einem Meter achtzig Körpergröße gerade einmal zweiundsechzig Kilo! Aber das triumphierende Lächeln unter seinen von Erschöpfung und Hunger verschatteten Augen strahlt über den ganzen Bildschirm.

»An Tagen, an denen ich die Hoffnung zu verlieren drohe, richte ich den Blick in die Zukunft«, erklärt er voller Eifer.

Seine Zukunft heißt Zeina, eine junge Syrerin aus dem benachbarten Vorort Muadamiya, die inzwischen nach Istanbul geflohen ist. Er lernt sie Ende 2015 kennen, kurz bevor sich der Belagerungsring um Daraya schließt, und es ist Liebe auf den ersten Blick. Nach wenigen Wochen verloben sich die beiden auf halber Strecke zwischen den rebellischen Städten und besiegeln ihre Liebe mit dem Versprechen gegenseitiger Unterstützung. Aber jedes weitere Treffen ist ein gefährliches Abenteuer. Hussam muss sich ungesehen nach Muadamiya schleichen. Muss den bedrohlichen Kanonen von Assads Soldaten trotzen, die von ihrem Hügel aus das heimliche Kommen und Gehen zwischen den beiden benachbarten Städten überwachen. Auf der anderen Seite erwartet ihn Zeina mit klopfendem Herzen unter ihrem Schleier. Ein flüchtiges Rendezvous, gerade lange genug, um einander züchtig die Hand drücken oder ein paar zärtliche Worte zu wechseln. Mehr nicht. Die in Daraya herrschende Not erlaubt es dem jungen Mann nicht, seiner Braut auch nur das kleinste Präsent mitzubringen. »Wir haben eine Regel vereinbart: keine Geschenke!«, erklärt Hussam. Doch nach der dritten Begegnung bricht Zeina ihren Pakt.

»An jenem Tag hat sie mich mit zwei Büchern überrascht«, berichtet Hussam.

Jenseits des Bildschirms hält er eines der beiden Bücher in die Höhe wie einen kostbaren Schatz. Ich entziffere den Titel: *Psychology and You* von Julia Berryman. Ein prophetisches Geschenk?

»Das war einen Tag bevor die letzte Verbindung zwischen den beiden Städten geschlossen wurde«, erinnert sich Hussam noch ganz genau. Und auch einen Tag vor Zeinas Abreise in die Türkei, wohin sie ihre Eltern auf deren Drängen hin gegen ihren Willen begleitete.

Seit diesem überstürzten Aufbruch haben sich die beiden Turteltäubchen nicht mehr gesehen. Aber das Buch begleitet ihn auf Schritt und Tritt. Ein Liebesbeweis. Ein heilsamer Trost in diesem endlosen Krieg. Und der Katalysator einer Briefbeziehung, die nie aufgehört hat, um das Lesen zu kreisen.

»Die Bücher sind zu unserem gemeinsamen Nenner geworden. Wenn wir den anderen nicht erreichen können, lesen wir jeder für sich. Und dann schicken wir einander Zusammenfassungen und Leseeindrücke, über die wir reden, wenn der Kontakt per Skype oder WhatsApp wieder zustande kommt. Die Bücher bringen uns einander näher. Sie bilden eine Brücke zwischen uns.«

Die beiden jungen Liebenden wissen so wenig voneinander. Und sind im Übrigen sehr verschieden, auch was ihre literarischen Vorlieben angeht …

»Zeina ist ein Fan von kitschigen Liebesromanen. Sie ist ganz verrückt danach! Und ich bevorzuge Bücher, die sich mit zwischenmenschlichen Beziehungen beschäftigen.«

Dennoch dieser überwältigende Drang, sich zu lieben, mit dem Unbekannten zu flirten. Sich zu zweit in die Zukunft zu stürzen, eine unsichere Zukunft, gewiss, aber voller gemeinsamer Träume. Auf Anraten von Ustaz hat Hussam *Männer sind anders. Frauen auch* des amerikanischen Autors John Gray gelesen, das er in der Bibliothek ausgeliehen und sogleich seiner Angebeteten weiterempfohlen hat.

»Das hat uns geholfen, die Unterschiede zwischen uns beiden besser zu verstehen und mit der Komplexität unserer Fernbeziehung umzugehen.«

Doch auch die kriegsbedingten Ängste sind etwas, worauf sie sich erst einstellen müssen. Vor allem Zeina, deren Sorge durch das Exil in der Türkei noch vergrößert wurde.

»Mir ist klar geworden, um wie viel schwerer der Krieg für denjenigen zu ertragen ist, der ihn aus der Ferne erlebt. Für mich gehört der Krieg zum Alltag. Er ist mein Alltag. Ich habe mich dafür entschieden und ihn akzeptiert. Offen gestanden, weiß ich gar nicht mehr, was Angst ist.«

Schweigen klammert sich an diesen letzten Halbsatz, gleich darauf vertrieben durch ein schallendes Lachen, das von den Wänden meines Arbeitszimmers widerhallt. Ich schaue ihn an. Hussam lacht aus voller Kehle. Er lacht mit dem Ungestüm der Menschen, die sich verzweifelt an das Leben krallen. Die dem Tod stolz den Rücken zuwenden. Mich beeindruckt, wie leicht es Hussam fällt, Distanz zu seinem schweren Alltag zu wahren. Dessen Absurdität zu akzeptieren, ja, darüber zu spotten, wenn es sein muss. Als ich ihm sage, dass er über die Reife eines alten Weisen verfügt, antwortet er gelassen: »Ach, wissen Sie, ich bin 1984 geboren, dem Jahr aus George Orwells Roman. Mein Leben war dazu bestimmt, nicht einfach zu werden! Innerhalb von vier Jahren bin ich um mindestens vierzig Jahre gealtert …«

Wieder verstummt Hussam für einen Moment. Ich mustere ihn unverwandt. Von diskreten Falten durchzogen, gleicht sein Gesicht einer Seite aus einem Geschichtsbuch. Innerhalb von vier Jahren hat er so viel erlebt: die ersten Anfänge der Revolution, einen Gefängnisaufenthalt, weil er sich während seines Militärdienstes geweigert hat, auf die Aufständischen zu schießen, den Saringasangriff im Sommer 2013, der ihn beinahe das Leben gekostet hätte. Selbst sein Name – ein Pseudonym – ist ein Kapitel für sich: Hussam Ayash war der erste Märtyrer von Deraa, jener berühmten Stadt, von der die Revolution 2011 ihren Ausgang nahm.

»Manchmal«, fährt Hussam fort, »kommt es mir vor, als könnte ich überhaupt nichts mehr empfinden. Zum Glück gibt es Zeina, die mich daran erinnert, was Normalität ist.«

Zeina, seine virtuelle Muse. Sein Stück Menschlichkeit, die Frau, die ihm hilft, mit beiden Beinen fest auf dem Boden zu bleiben, wenn der Krieg seine Gefühle zu verschlingen droht. Sie ist seine zweite Hälfte, die Tränen, die er selbst nicht mehr hat, die Schwäche angstvoller Tage, wenn sie ihm über eine nur sporadisch zustande kommende Verbindung zuflüstert, dass sie ihn liebt. Dass er in ihrem Herzen ist. Dass sie trotz ihrer Streitereien und Meinungsverschiedenheiten bis ans Ende aller Tage auf ihn warten wird.

»Wenn ich sie nicht regelmäßig anrufe, ist das eine wahre Katastrophe!«, sagt er lachend. »Zeina hilft mir dabei, den Kontakt zur Wirklichkeit nicht zu verlieren. Und wenn wir einander nicht erreichen können, vermitteln mir die Bücher den Rest. Sie geben mir das Gefühl, wieder zu dem Studenten zu werden, der ich einmal war, zu sein wie jeder andere x-beliebige junge Mann auf der Welt. Sie entreißen mich für einen Moment diesem bizarren Leben, das ich mittlerweile führe.«

In dieser Stadt der schönen Unsichtbaren ist es also die – virtuelle – Gesellschaft einer Frau, die ihm dabei hilft, den Konflikt zu ertragen. Seine Liebe zu Zeina gibt ihm ein Ziel. Eine Bestimmung, die sich hinter der Frontlinie abzeichnet. Der Traum von einem Leben zu zweit, jenseits der Mauer des Krieges.

»Hallo. Alles klar?«

»Hallo, Ahmad. Was gibt's Neues?«

»Das errätst du nie: Endlich kommt ein Hilfskonvoi der Vereinten Nationen und des Roten Halbmonds nach Daraya.«

»Wirklich?«

»Ihre Ankunft steht kurz bevor. Es dauert nur noch ein paar Stunden … oder Tage …«

»Was für eine gute Nachricht! Darayas Hilferuf wurde endlich erhört!«

»Ja, bis auf die Tatsache, dass wir gerade erfahren haben, dass sie keine Lebensmittel bringen. Nur Gesundheitskits, Verhütungsmittel und Blutzucker-Teststreifen … Dabei wäre es gerade Zucker, den wir brauchen!«

Es ist der 11. Mai 2016. Und dieser morgendliche WhatsApp-Chat nur der Ausgangspunkt einer Reihe von Katastrophen, die Darayas grausamen Niedergang noch ein wenig mehr beschleunigen werden. Die Menschen müssen noch über vierundzwanzig Stunden warten, bis sich endlich der erste Hilfskonvoi seit dreieinhalb Jahren der eingeschlossenen Stadt nähert. Nach schier endlosen Verhandlungen hat Damaskus schließlich grünes Licht gegeben, wenn auch nur unter einer Bedingung: keine Lebensmittel, abgesehen von Milchpulver für die Babys. Doch in letzter Minute legen die Soldaten des Regimes ihre eigenen Regeln fest: Nur Impfstoffe werden durchgelassen. Die Vereinten Nationen gehen auf diese Erpressung nicht ein und machen wieder kehrt.

Ein paar Minuten später nimmt die düstere Farce eine noch tragischere Wendung: Dort, wo sich die Einwohner von Daraya versammelt haben, um auf die Ankunft des Hilfskonvois zu warten, schlagen neun Artilleriegranaten ein.

»Statt der lang ersehnten Lebensmittel haben wir Kanonenfeuer bekommen«, schimpft Ahmad wütend.

Es ist neun Uhr abends an diesem 12. Mai. Und der Angriff ist fatal: Ein Vater und sein Sohn sterben. Gedemütigt bis zum letzten Atemzug. Getötet, weil sie davon zu träumen wagten, etwas zu essen zu bekommen.

Ein paar Tage später hat Ahmad sich wieder gefangen. Die ebenso tragische wie absurde Grausamkeit, deren Opfer seine Stadt geworden ist, hat ihn zu einem Videoclip inspiriert, den er mir am 16. Mai per Mail schickt. Ich öffne die Datei. Ein paar Kinder, kaum älter als meine Tochter Samarra, kneten Erde auf einer Matratze, die ihnen als Tisch dient. Hinter der Kamera hört man Ahmads Stimme: »Was macht ihr denn da?« Ein kleines Mädchen antwortet: »Einen Kuchen.« »Und wie wollt ihr den backen?«, fragt Ahmad weiter. »Ach, wir lassen ihn draußen in der Sonne trocknen!«, erklärt ein anderes. Dann geben sie mit ihren kleinen, unschuldigen Händen den Teig in Kuchenformen und verzieren ihn mit Plastikblumen. Mangels Mehl haben sie eben »Kunstwerke« gemacht, um ihr Unglück zu verspotten!

Ahmad wundert sich über mein Erstaunen.

»Weißt du, warum wir so viel Kreativität aufbringen?«, fragt er mich. »Irgendwie müssen wir doch einen Weg finden, die internationale Gemeinschaft endlich dazu zu bringen, unsere Botschaft zu hören. Wenn es nur nach mir ginge, würde ich eine Woche am Stück schlafen ...«

Aber Schlaf ist ein Luxus, an den in Daraya nicht zu denken ist. Nicht genug damit, dass die Einwohner nichts zu essen haben, sie dürfen auch nicht schlafen! Ja, nicht einmal durchatmen! Zwei Wochen später, Ende Mai 2016, ist die Waffenruhe schon wieder Geschichte. Neues Donnergrollen erfüllt den Himmel über den »vielen Häusern«. Eine Flut von Fassbomben stürzt aus den Wolken herab, alles zerstörende Bomben, ein todbringender Regen. Die Hubschrauber sind erneut wie von Sinnen, zerreißen die Luft, werfen ihre Vorräte an Eisenschrott ab und bedrohen mit ihren überheblichen Rotorblättern jeden Winkel der Stadt.

»Assad will uns in den Wahnsinn treiben«, wettert Ahmad. Nach mehreren vergeblichen Versuchen habe ich ihn endlich über Skype erreicht. Die Müdigkeit hat dunkle Ringe unter seine Augen gezeichnet. Seit die Bombardierungen wieder eingesetzt haben, macht er nachts kein Auge mehr zu. Ich habe ihn noch nie so erschöpft erlebt. Zwischen zwei Detonationen schildert er mir den Horror: die unter den Trümmern begrabenen Menschen, die Freiwilligen des Zivilschutzes, die mit all den Verletzten, die dringend versorgt werden müssen, völlig überlastet sind, den Mangel an Anästhetika. Es hat etwas von einem Déjà-vu. Der Albtraum wiederholt sich. Nur noch schlimmer als zuvor.

Ahmad schickt mir Fotos vom Friedhof. Im sich immer weiter ausdehnenden Bereich der Märtyrer erfolgen die Bestattungen wie am Fließband. Weder Totengebet noch Grabstein. Als Grabstätte dient ein schlichter Erdhügel. Und als Stein ein Stück Pappe mit dem Namen des Verstorbenen darauf. Leichentücher gibt es nicht mehr. Sie werden notdürftig aus Bettlaken, Vorhängen oder Tischdecken zusammengeschneidert. »Manchmal begraben wir die Leichen auch, ohne dass wir vorher die Zeit hatten, sie in ein Tuch einzuwickeln«, sagt Ahmad leise. Im mittlerweile zu neunzig Prozent zerstörten Daraya ist es den Menschen nicht einmal mehr vergönnt, in Würde zu sterben.

Während die Stadt erneut in der Hölle versinkt, gehen ihr die lebensnotwendigen Güter endgültig aus.

Den Einwohnern, die schon seit 2012 von fließendem Wasser und Strom abgeschnitten sind, mangelt es an allem: Benzin, Lebensmittel, Toilettenpapier. Selbst die Tüten und Wasserkanister aus Plastik, die sie verbrannt haben, um daraus Heizöl zu gewinnen, werden knapp. Um die Bevölkerung noch gründlicher auszuhungern, hat das Regime sogar Brandbomben auf die umliegenden Felder geworfen.

»Die Kinder, die während der Belagerung geboren wurden, wissen nicht einmal, was ein Apfel ist!«, berichtet Ahmad.

Er verstummt. Ein bleiernes Schweigen. Dann erzählt er mir mit Grabesstimme von den unterernährten Menschen, den Kindern, die nicht mehr wachsen, der Angst vor einer humanitären Katastrophe. Seiner gequälten Stadt droht das gleiche Schicksal wie Madaya. In dieser ebenfalls von den Soldaten des Regimes abgeriegelten Stadt sind 2015 rund dreißig Menschen verhungert. Im toten Winkel der Kameras vegetieren siebzehn weitere Enklaven unter denselben Bedingungen dahin: Fünfzehn davon werden von Damaskus belagert, die beiden anderen von islamistischen Rebellen der Nusra-Front. Hunger ist eine Kriegswaffe. Eine ganz besonders wirkungsvolle Waffe. Man sieht sie nicht. Aber Stück für Stück frisst sie den Körper auf. Eine zerstörerische Strategie, perfekt kalkuliert, um den Menschen über seinen Magen zu beherrschen.

Am 1. Juni 2016 trifft endlich eine erste Hilfslieferung in Daraya ein.

»Das wurde auch höchste Zeit!«, schreibt Ahmad begeistert in einer kurzen Nachricht.

Doch die Freude währt nur kurz. Statt der lang ersehnten Lebensmittel haben die fünf Lkw Shampoo, Moskitonetze, ein paar Rollstühle, Medikamente und Dosen mit Säuglingsnahrung dabei. Zum Leidwesen der Bevölkerung. Dieser Vorfall beschädigt das Ansehen der Vereinten Nationen endgültig. Nachdem man sie lange allzu großer Nachsicht gegenüber einem unkooperativen Regime bezichtigt hat, haben sie nun auch noch das letzte bisschen Glaubwürdigkeit verloren, das ihnen geblieben war.

Seit diesem erneuten, von der internationalen Gemeinschaft viel zu leise verurteilten Fiasko hat Ahmad aufgehört zu warten. Er schaut dem Leben ohne die geringsten Illusionen ins Gesicht.

»Wir können uns nur noch auf uns selbst verlassen. Der Rest der Welt hat uns aufgegeben«, sagt er.

Wie übersteht man das Absurde? Wie bannt man den Hunger? Wie hält man Angst und Müdigkeit aus? Wie trotzt man der Gewalt, wenn sie sich in alle Bereiche des Lebens schleicht? Ahmad erzählt mir, dass jeder von ihnen andere Überlebensstrategien entwickelt, um nicht zusammenzubrechen. Hussam etwa lernt zwischen zwei Detonationen unverdrossen, den Kopf über seinen Computer gebeugt und den Blick in eine ungewisse Zukunft gerichtet. Er hat sich vor Kurzem an der Roshd-Universität eingeschrieben, die Fernkurse anbietet. Shadi jagt weiter den Bomben hinterher: Er beharrt darauf, alles zu filmen, alles festzuhalten, wie besessen von dem Drang, die Verbrechen des Regimes zu dokumentieren. Sollte er sterben, dann blieben immerhin einige Spuren, sagt er sich. Er und seine Freunde vom Lokalrat haben sogar einen genauen Plan des Märtyrerfriedhofs angefertigt, um im Falle einer Bombardierung jedes einzelne Grab identifizieren zu können. Der Krieg hat sie gelehrt, an alles zu denken.

Und die Bibliothek? Sie ist noch immer da, zurückgezogen in ihrem bescheidenen Keller, mit ihren Regalreihen voller Bücher, ihrem Overheadprojektor, ihren geblümten Sofas und ihren unregelmäßigen Öffnungszeiten. Aber Omar hat eine große Lücke hinterlassen, seit er dauerhaft an die Front gezogen ist. Dort haben die Assad-Gegner gewaltige Verluste erlitten, und ihre Munition wird knapp. Unmöglich, auch nur für eine Minute der Kampfzone zu entfliehen. Trotzdem bleibt Omar seinen Büchern treu und zieht die Gesellschaft von Ibn Khaldun und Nizar Qabbani den seltenen gemeinsamen Pausen bei heißem Tee vor. Er muss einer der letzten Einwohner von Daraya sein, der noch immer politische Sachbücher liest. Den anderen fehlt es dazu an der nötigen Konzentration. An Begeisterung. Selbst die einst so begehrten Selbsthilfebücher haben ihren Reiz verloren.

Ahmad vertraut mir an, dass ihm in diesen Momenten grenzenloser Verzweiflung nur die Lektüre der Schilderungen von Menschen, die Vergleichbares erlebt haben, noch ein wenig Halt zu geben vermag. Er und seine Freunde haben in den Beständen der Bibliothek einige Bücher über die Belagerung von Sarajevo gefunden. Sie waren noch zu jung, als die serbische Armee zwischen 1992 und 1996 die Hauptstadt von Bosnien-Herzegowina einkesselte, und so lernen sie nun nachträglich mit weit aufgerissenen Augen deren Geschichte kennen. Vier Jahre saßen die dreihundertfünfzigtausend Einwohner in der Hölle dieser von Bergen umschlossenen Ebene in der Falle, litten unter pausenlosen Bombardements, Hunger und Angst. Vier Jahre blinder Gewalt, die mehr als elfeinhalbtausend Menschen das Leben kostete und die Stadt in Schutt und Asche legte. Zerstörte Häuser. Halb eingestürzte historische Bauwerke. Darunter auch die große Bibliothek, in der über anderthalb Millionen Bücher, der Grundstock des kulturellen Erbes von Sarajevo, unter Granatbeschuss in Flammen aufgingen. Eine Begegnung mit der Vergangenheit. Wie ein Spiegelbild ihrer eigenen Geschichte. Ihrer Tragödie, ihres Leids. Ihres Mutes und ihres Kampfs für die Freiheit.

»Wenn ich über Sarajevo lese, fühle ich mich weniger allein. Wenn ich mir sage, dass schon andere vor uns das Gleiche durchgemacht haben. In einem anderen Land. Einem anderen Kontext. Aber dank ihrer Berichte fühle ich mich weniger verletzlich. Ich finde eine innere Kraft, die mich weitermachen lässt«, sagt Ahmad.

Zu den papiernen Erinnerungen, die in diesen Büchern festgehalten sind, gesellen sich die Worte lebendiger Zeugen. Durch die Vermittlung einer amerikanischen Kriegsreporterin hat Muhammad Shihadeh, der berühmte Ustaz, Kontakt mit Überlebenden der einstigen Märtyrerstadt aufgenommen. In den Chats einer eigens gegründeten WhatsApp-Gruppe finden sich praktische Überlebenstipps, Anekdoten und manchmal sogar ein Zeichen der Unterstützung, während der Rest der Welt Daraya bereits abgeschrieben zu haben scheint.

Der größte Trost für Ahmad aber ist Mahmud Darwisch. Ahmad kannte das Buch des 2008 gestorbenen und in der gesamten arabischen Welt verehrten palästinensischen Dichters über die Belagerung von Beirut 1982 und seinen 2002 entstandenen Gedichtband über die Belagerung von Ramallah. Vor der Revolution waren sie ihm schon mehrmals aus den Händen geglitten, zu weit waren sie damals noch von seiner eigenen Gedankenwelt entfernt. Seit sich jedoch der Ring um die Stadt geschlossen hat, haben diese beiden literarischen Meisterwerke plötzlich eine andere Bedeutung gewonnen, und Ahmad hat ganze Passagen daraus auswendig gelernt. Jeden Morgen hört er sie in Endlosschleife auf einer vom Dichter selbst eingespielten Aufnahme, die er auf YouTube entdeckt hat.

»Diesen Gedichten lausche ich, wie man einer geheimen Stimme zuhört, die einem zuflüstert, was man selbst nicht in Worte fassen kann. Die singt, was man selbst nicht singen kann. Ich finde mich in jedem Wort, in jeder Zeile davon wieder. Ich identifiziere mich mit dem Erlebten, dem Warten, während die Granaten einschlagen, der Zeit, die zu Raum wird, den Märtyrern, die man nicht vergessen kann. Ich lausche den Versen und sage mir: Das ist genau das, was ich empfinde!«

Ahmad verstummt. Seine Begeisterung hat den Bildschirm überwunden und hängt über meinem Schreibtisch in der Schwebe. Wenn er sich zwischen den beiden Werken von Mahmud Darwisch entscheiden müsse, sagt er, dann ziehe er das jüngere vor, »Belagerungszustand«, in dem der Dichter das von der israelischen Armee abgeriegelte Ramallah beschreibt. Ich frage ihn, ob er eine Lieblingsstelle hat.

»Der Anfang natürlich«, antwortet er.

Und mit belegter Stimme liest er ihn mir vor:

»Hier, an den Hängen der Hügel, im Angesicht der sinkenden Sonne
Und des Schlundes der Zeit
Nah' den schattenberaubten Gärten
Tun wir, was Gefangene tun,
Tun wir, was Menschen tun ohne Arbeit:
Wir nähren die Hoffnung.«

Langsam hebt Ahmad den Kopf und blickt wieder auf den Bildschirm, die Lippen zu einem erstarrten Lächeln verzerrt. Alles ist gesagt, niedergeschrieben in zarten Zeilen, die der Abnutzung durch Zeit und Krieg trotzen. Ein lebendiger, präziser Stil. Die klingenden Worte dieses Gedichts sprechen an seiner statt. An Darayas statt.

Hoffnung, trotz allem. Hoffnung, herangezogen in diesem improvisierten Gemüsegarten im Winkel einer Terrasse. Hoffnung in diesen Sonnenblumen, die einer trockenen, verseuchten Erde entschlüpfen. Hoffnung in diesem mitten in einen Granattrichter gepflanzten Strauch. Ich klicke mich durch eine weitere Bilderstrecke, die mich aus Daraya erreicht hat. Trotz der gegenwärtigen Tragödie verkörpern die Aufnahmen reine Poesie. Sie sind Ausdruck eines grenzenlosen Einfallsreichtums, jener »inneren Kraft«, die den Einwohnern hilft durchzuhalten. Um nicht zu verhungern, haben sie ihre Höfe in winzige Äcker verwandelt, auf denen sie die Zutaten für ihr bescheidenes tägliches Mahl anbauen: Kopfsalat, Spinat, Tomaten, Kartoffeln. Zusammen mit den letzten Bulgurvorräten der Stadt bilden diese wenigen Gemüsesorten die Grundlage ihrer Ernährung. Wenn die Ernte schlecht ausfällt, bleibt ihnen manchmal nichts anderes übrig, als sich mit einer einfachen Suppe aus gekochten Baumwurzeln und Blättern zu begnügen, die sie auf einem altmodischen Ofen zubereiten.

»Das schmeckt furchtbar!«, erzählt Hussam per Skype und verzieht angewidert das Gesicht.

Ich erkenne sein spöttisches Lächeln wieder, seinen taktischen Schild gegen das alltägliche Grauen. Seit er mir von Zeina erzählt hat, kommunizieren wir oft über WhatsApp. In seinem perfekten Englisch erzählt er mir von seiner großen Liebe, ihren Streitigkeiten und seinen Überlegungen für die Zukunft. Zweifellos bietet ihm das Ohr einer Fremden die Neutralität, die er braucht. Jedes Mal, wenn wir miteinander reden, achte ich darauf, meine Kaffeetasse und die Packung Kekse aus dem Gesichtsfeld meiner Webcam zu schieben. Aber an diesem Tag ist er es, der übers Essen reden will. Ein Weg, sagt er, seinen Heißhunger zu besänftigen.

»Welches Gericht ich am meisten vermisse? Gegrilltes Hähnchen!«, antwortet er lachend.

Über das Geflügel, das er so gern mag, kann er einen ausführlichen Vortrag halten: die knusprige Haut, die Sauce, in der die Keule ganz zart wird, der Geschmack des Schenkels …

»Wo wir gerade von Hunger sprechen, es wird Zeit fürs Mittagessen«, setzt er noch einen drauf. Ich kenne mittlerweile seine Neigung, den allzu dichten Staub dunkler Erinnerungen zu verscheuchen.

Auf der anderen Seite des Bildschirms ist Hussam aufgestanden. Sein Kopf ist jetzt oberhalb meines Sichtfelds, dafür sehe ich streichholzdürre Beine. Der junge Mann dreht seinen Laptop um, damit ich sein bescheidenes Wohnzimmer besichtigen kann. Mit der Hand deutet er auf sein Sofa, sein mit Papier überladenes Regal. Das Bild, Geisel einer schlechten Verbindung, friert kurz ein, bevor es ruckartig auf einen Gasherd umspringt. Neugierig lasse ich den Blick über die Töpfe und das Geschirr wandern, das sich im Becken stapelt. Ich habe das Gefühl, in seiner Küche zu stehen.

»Darf ich dich einladen, mir bei meinem Mittagessen Gesellschaft zu leisten?«, fährt er in scherzhaftem Ton fort.

Auf dem Regal steht neben den leeren Vorratsdosen ein schlichter Sack Bulgur.

»Mein heutiges Festmahl!«, spottet er, während er Wasser aufsetzt.

Schon seit Wochen besteht Hussams einzige Mahlzeit am Tag aus Bulgur, und er rationiert seinen spärlichen Vorrat, so weit es geht, um noch ein paar Monate durchzuhalten.

»Guten Appetit«, antworte ich ironisch.

Eine Dampfwolke hat sich in seiner Küche ausgebreitet und überzieht den Bildschirm des Laptops mit kleinen weißlichen Flecken. Hussam verschwindet erneut, dann taucht er mit einem Teller in der Hand wieder auf, der mit einem beigefarbenen Brei gefüllt ist. Bevor er zu essen beginnt, kommen die Papillen seiner Erinnerungen in Schwung und lassen Raum für ein paar weitere kulinarische Bemerkungen.

»Um dem Hunger zu trotzen, treffen wir uns manchmal bei einem von uns und reden den ganzen Abend lang nur übers Essen. Jeder erzählt von seinem Lieblingsgericht, den gefüllten Zucchini seiner Großmutter, der Fleischbrühe, seinen Lieblingsgewürzen und dem Pistaziendessert, das er so gern dazu essen würde.«

Ein anderer Trick besteht darin, es sich gemeinsam um eine Schüssel Suppe gemütlich zu machen und so zu tun, als genieße man jeden einzelnen Löffel davon wie bei einem ausgedehnten Feinschmeckermenü, das sie bis zum letzten Bissen auskosten. Ohne Brot stößt die Übung schnell an ihre Grenzen. Aber Brot gibt es in Daraya schon seit 2013 nicht mehr. Bis dahin war es dem Lokalrat gelungen, die letzte Bäckerei, die noch nicht von den Bomben zerstört worden war, weiterzubetreiben. Nachdem dann alle Mehlvorräte aufgebraucht waren, mussten sie ohne Brot zurechtkommen. Aber wieder einmal ist Humor der Weg zum Überleben: Um das Fehlen dieses von den Syrern so geschätzten Grundnahrungsmittels wettzumachen, erfinden Hussam und seine Gefährten Witze und spotten abwechselnd über diese armen Kunden, die anderswo auf der Welt irrsinnig viel Zeit damit verschwenden, sich zwischen einem Baguette, einem gesüßten Hefebrot und einem Körnerbrot zu entscheiden.

»Wenigstens brauchen wir uns über so etwas keine Gedanken zu machen«, sagt Hussam lächelnd.

Dann, am Abend des 9. Juni 2016, am vierten Tag des Fastenmonats Ramadan, klopft die Hoffnung, die echte Hoffnung, endlich an Darayas Tore. Und diesmal überwindet sie die Sperre rings um die Stadt. Dank einer achtundvierzigstündigen Mini-Waffenruhe kommen neun Lastwagen in die belagerte Stadt. Ihre Laderäume sind angefüllt mit Mehlsäcken, trockenen Lebensmitteln und Medikamenten. Die Versorgung reicht bei Weitem nicht aus: Es ist gerade genug, um einen weiteren Monat durchzuhalten. Aber für die rund achttausend ausgehungerten Bewohner der Enklave kommt das bereits einem Wunder gleich.

»Endlich! Wir haben schon nicht mehr daran geglaubt!«, ruft Ahmad begeistert, als er mir die Nachricht verkündet.

Doch leider schließt sich die Falle genauso schnell wieder, wie sie sich geöffnet hatte. Schon am nächsten Morgen erfahre ich aus den Nachrichten, dass die Flugzeuge des Regimes erneut am Himmel wüten und die Verteilung der lang ersehnten Lebensmittel verhindern. Das Ausland reagiert mit Empörung und verurteilt die Doppelzüngigkeit des Regimes in Damaskus. Doch vergebens. Die vom Himmel fallenden Bomben scheren sich nicht um Worte. Wie ein letzter Nagel in Darayas Sarg.

Besorgt rufe ich Ahmad an. Wie geht es ihm? Hat er einen relativ sicheren Unterschlupf gefunden? Wie hält er sich angesichts dieses neuen Rückschlags? Am anderen Ende der Leitung bleibt es still. Er kann nicht mehr sprechen. Hat seine Stimme verloren. Seine Kehle ist ausgedörrt. Ich spüre, wie niedergeschlagen und deprimiert er ist. Wir kommunizieren nun schon so lange übers Internet miteinander, dass ich gelernt habe, zwischen seinen Worten zu lesen, seine Antworten vorauszuahnen, sein Schweigen zu deuten. Doch diesmal ist die Stille anders als sonst. Zum ersten Mal findet er keine Worte, um mir von Daraya zu berichten.

Seine Gefühle sind stumm.

Seine Stadt schwebt in Gefahr.

Seine Hoffnungen wurden vernichtet.

12. Juni 2016. Fünf Uhr morgens, ich kann nicht schlafen. Im Internet lauere ich auf jedes noch so kleine Lebenszeichen aus Daraya. Meine Versuche, Ahmad anzurufen, schlagen fehl. Auf die Nachrichten, die ich ihm per WhatsApp geschickt habe, kam keine Antwort. Er hat sie nicht einmal gelesen: Das doppelte Häkchen, das verrät, dass die Nachricht beim Empfänger angekommen ist, wird nicht angezeigt. Ich gehe die Liste der übrigen in meinem Smartphone gespeicherten Kontakte durch. Hussam: nicht online. Shadi: nicht online. Omar: nicht online. Ein Schweigen so ausdruckslos wie ein unbeschriebenes Blatt Papier. Ein Bildschirm der Unsicherheit, schraffiert von der Angst, sie für immer verloren zu haben. Ohne Internet wird die Welt plötzlich wieder so groß, wächst der Abstand, den man so naiv überwunden glaubte! Dabei hatte ich mir eingebildet, die Beziehung, die wir über das Netz geknüpft hatten, sichere ihnen einen gewissen Schutz, sei eine rettende Bresche in dieser immer unüberwindlicheren Festung, die sich um ihre Stadt zieht. Das Netz hat sich ihren Hoffnungen wie-

der verschlossen. Die ganze Welt ist inzwischen taub für ihre verzweifelten Hilferufe, taub für das einsame Lied der Überlebenden. Es ist dunkel geworden zwischen ihnen und uns. Eine endlose Nacht hat die letzten Worte verschlungen.

Die von Damaskus ausgestoßenen Drohungen sind kaum ermutigend. Nur wenige Kilometer von Darayas durch Fass- und Streubomben verstümmeltem Grab versprechen die Lautsprecher der Propaganda, die »Terroristen« ein für alle Mal auszumerzen. Hoch oben in seinem Palast verstärkt der Augenarzt Assad seine Scheuklappen und schickt seine Soldaten vor die Tore der rebellischen Stadt, um sich weitere Teile davon einzuverleiben. Fernab der Kameras der ganzen Welt schließt sich der Schraubstock immer fester. Ohne Zeugen male ich mir das Schlimmste aus. Eine umfassende Militäroffensive. Einen tödlichen Angriff. Ein unsichtbares Massaker wie in Hama 1982, als es noch keine sozialen Netzwerke gab. Unablässig kreisen meine Gedanken um Ahmad und seine Gefährten: Opfer nicht nur der Bomben, sondern auch der Weltgemeinschaft, die angesichts ihres Todeskampfs untätig bleibt.

Da ich von ihnen selbst nichts höre, durchforste ich Facebook, WhatsApp und YouTube nach Spuren von ihnen. Kein Bild. Kein Wort. In dieser von Sorgen erfüllten Morgendämmerung bleiben mir nur noch ihre Instagram-Accounts. Der von Ahmad ist seit mehreren Monaten inaktiv. Das letzte Foto, das er dort hochgeladen hat, treibt einem die Tränen in die Augen: eine weiß verschleierte Mutter, die ihren Sohn zu Grabe trägt, einen weiteren Märtyrer in Darayas traurigem Katalog. Ich klicke die Aufnahmen in umgekehrter Reihenfolge an, gehe in der Zeit zurück, betrachte aufmerksam jedes Bild, jedes Detail in diesem Kaleidoskop seines Alltags. Dabei stoße ich auf das Foto einer roten Rose, versehen mit dem Spruch: »Make love, not war«. Eine Weile lasse ich meinen Blick auf dem Bild eines Kätzchens in den Armen eines Kämpfers ruhen. Ich sehe die Gesichter von Ahmad, Hussam und Shadi auf einem Selfie in Schwarz-Weiß. Sie posieren vor den Ruinen der Stadt, dem einförmigen Hintergrund der meisten ihrer Bilder. Und da sind sie schon wieder, ein Farbfoto zeigt sie entspannt auf einem Wohnzimmerteppich lümmelnd. Ein seltener Moment der Ruhe inmitten des Chaos. Ich denke über die Absurdität des Krieges nach. Oder vielmehr über die Normalität, die sich trotz allem darin verbirgt.

Und ich denke an die geheime Bibliothek. An diesen Aufstand aus Papier. An Omars Manuskripte. An die Verletzungen von Abu el-Ezz. An ihr hoffnungsvolles Lied, »*Dschanna! Dschanna!*« An die Rosen und Flaschen der Revolution. An die Leidenschaft in ihren Augen. An die selbst gemalten Plakate mit Friedensbotschaften. An all diese gemarterten Worte. Es fällt mir schwer, den Blick von den Aufnahmen abzuwenden: Der Krieg hat die Augen von Greisen in ihre Gesichter geheftet. Ich spule den Lauf der Ereignisse zurück. Wie sind wir dorthin gelangt? Welcher Dämon hat sich in Assads Gehirn eingenistet? In das Russlands? Des Iran? In die Gehirne all jener großen und kleinen Tyrannen, die darauf beharren, ihn blind zu unterstützen? Ich wage mir nicht vorzustellen, welche Schlagzeilen eines Tages den angekündigten Tod Darayas begleiten werden. Eine dem Machthunger geopferte Stadt. Ein von menschenfressendem Ehrgeiz zerstörter Traum. Ein winziger Funken Hoffnung von der Landkarte Syriens getilgt. Ein weiteres Opfer auf der Liste belagerter Städte: Madaya, Homs, Ost-Aleppo …

Ich drehe mich in meinem Istanbuler Arbeitszimmer im Kreis wie ein Derwisch. Ich fülle das Schweigen aus, indem ich mich an das halte, was von ihnen bleibt: Ich lese noch einmal den *Alchimisten, Die Muschel, Die Elenden, Die Sieben Wege*. Ich verschlinge ein Buch nach dem anderen, als tauchte ich ohne Sauerstoff. Wie ein Refrain begleiten die Verse von Mahmud Darwisch meine Gedanken:

> Belagerung heißt Warten.
> Warten auf einer schiefen Leiter inmitten des Sturms.

Und jedes Mal stolpere ich erneut über dieselben beiden Zeilen aus »Belagerungszustand«:

Schreiben ist ein junges Hündchen,
das in das Nichts beißt
Schreiben verwundet ohne Blutvergießen

Schreiben: Warum? Wozu? Wie gern würde ich die Seiten dieses wachsenden Buches überspringen. Ihres Buches, des Buches von Daraya. Wie gern würde ich den Ablauf voraussehen, ihn weniger tragisch erhoffen, den Schlusspunkt bei einem freudigen Ereignis setzen. Hat dieses Manuskript ohne sie überhaupt noch einen Sinn? Der Roman hat Sachbüchern gegenüber einen Vorteil: Er wagt sich auf die verschlungenen Pfade der Fantasie und umgeht die Autobahn der Realität. Man erfindet einen Übergang, eine Auflösung, neue Figuren. Aber zur Fiktion zu wechseln erscheint mir in diesem Stadium nicht angebracht. Das Besondere des Buches liegt gerade darin, dass es von der Zerbrechlichkeit des Augenblicks erzählt. Ihn in die Tiefe von Zeit und Erinnerung einschreibt. Dass es die geringsten – manchmal intimen – Spuren einer Gegenwart sammelt, die allzu schnell dazu verdammt ist, Vergangenheit zu werden, einer Gegenwart, die mit der Geschwindigkeit einer Bombe vergeht: in den persönlichen Schilderungen, in den umgeblätterten Seiten der Bücher, in den Ruhepausen des Krieges, in den individuellen Erinnerungen, den Tränen und dem Lachen.

Dieses Buch vereint ein wenig von alldem in sich, es ist die, wenn auch unvollendete, Geschichte dieser unsichtbaren Helden. Das kann ich nicht aufgeben.

Schreiben, um nicht zu vergessen. Um *sie* nicht zu vergessen.

Ein Monat vergeht, ein Monat voller Sorge, voller Selbstbespiegelung. Ein Monat, in dem ich emsig den Mangel an Informationen wettzumachen suche. In dem ich alles zusammenstelle, was ich bis zu diesem Tag sammeln konnte. Bilder, von Bomben abgerissene Satzfetzen, dem Konflikt entronnene Fragmente des Lebens …

Am 12. Juli schließlich das erste Lebenszeichen auf meinem eingeschlafenen Handybildschirm.

»Shadi wurde verletzt.«

Hin- und hergerissen zwischen Erleichterung und Sorge, lese ich die WhatsApp-Nachricht noch einmal. Shadi-wurde-verletzt. Punkt. Wieder Schweigen. Dieses verdammte Warten. Warten auf einer schiefen Leiter …

Als die Verbindung abends wieder zustande kommt, ist es Shadi selbst, der endlich etwas von sich hören lässt. Er hat einen dicken Verband an der linken Hand und bemüht sich, beruhigend zu klingen: Er ist außer Gefahr. Aber er ist immer noch benommen von dem Angriff, dem er beinahe zum Opfer gefallen wäre. Die vergangenen Wochen waren die Hölle. Vor den Toren der Stadt setzen die Soldaten des Regimes ihre Offensive fort und versuchen, weitere Parzellen Land zu besetzen. Um sich vor der Bedrohung zu schützen, müssen die Aufständischen häufig den Unterschlupf wechseln und sich tief unten in den Kellern verstecken. Daher kommen sie nur selten in ihr Büro – und ins Internet. Die Angriffe erfolgen nach einem sich endlos wiederholenden Schema: zwei Tage intensive Bombardements, dann ein Tag Pause. Am Morgen dieses 12. Juli scheint es ein eher ruhiger Tag zu werden. Endlich setzt Shadi wieder einen Fuß vor die Tür, begleitet von Malek, einem Freund aus dem Medienzentrum. Sie wollen sich nach den Familien erkundigen, ein paar Videos drehen, das Ausmaß der Schäden begutachten. Gemeinsam entscheiden sie sich für ein Viertel im Westen der Stadt. Aus heiterem Himmel versperrt ihnen ein Hagel aus Raketen den Weg. Überrumpelt wollen die beiden kehrtmachen. Doch es ist zu spät: Eine weitere Geschosssalve geht direkt neben ihnen nieder. Diesmal bebt der Boden unter ihren Füßen. Unmöglich, auch nur einen Schritt vor oder zurück zu gehen. Rauch versperrt ihnen die Sicht. Staub und Zement wirbeln durch die Luft. Shadi steht unter Schock, er bemerkt nicht gleich, dass er verletzt ist.

»Ich konnte nichts mehr sehen. ›Malek! Malek!‹, rief ich. Ich hatte Angst, es wäre ihm etwas passiert.«

Tastend bahnt sich Shadi einen Weg. Erst als er seinen Freund wiederfindet, spürt er den stechenden

Schmerz in seiner linken Hand. Er senkt den Blick: Sie ist rot von Blut. Schrapnellsplitter haben ganze Hautfetzen abgerissen und den Zeige- und Mittelfinger ausgerenkt. Der Schmerz ist kaum zu ertragen, er leidet Höllenqualen. Ein Lieferwagen kommt angerast und bringt ihn in das einzige Krankenhaus der Stadt. Die Pfleger dort wissen vor lauter Verletzten nicht mehr, wo ihnen der Kopf steht. Als der Arzt endlich kommt, operiert er Shadi auf der Stelle.

»Das Morphium war nicht stark genug. Ich schrie vor Schmerzen. Um mir Mut zu machen, summte der Arzt eine bekannte Melodie vor sich hin: ›Shadi hat sich verlaufen‹.«

Einmal mehr hat Shadi den Tod aus nächster Nähe gesehen. Die Rakete ist in die obere Ecke eines Hauses eingeschlagen, keinen halben Meter von der Stelle entfernt, wo er stand.

»Ein paar Zentimeter weiter, und es wäre um mich geschehen gewesen.«

Ich erkundige mich nach Ahmad, Hussam und Omar. Waren sie bei ihm? Sind sie in Sicherheit? Shadi bemüht sich, mich zu beruhigen.

»Wir waren nicht zusammen. Dem Rest der Gruppe geht es gut. Wir wechseln ständig den Unterschlupf, um den Luftangriffen zu entgehen.«

Und seine Kamera? Er hatte sie wie üblich umgehängt, trug sie direkt über dem Herzen. Kaum hatte er sich von der Operation erholt, da bemerkte er, dass das Objektiv von den Geschosssplittern in tausend Stücke zerfetzt worden war. Nicht mehr zu gebrauchen. Und das Gehäuse ist völlig verkohlt. Tatsächlich hat es ihm als Schutzweste gedient.

»Meine Kamera hat mir das Leben gerettet!«

Shadi verstummt. Ein andächtiges Schweigen. Die Kamera, die er auf Schritt und Tritt bei sich trug, hat sich zwischen ihn und den Tod geschoben. Und dabei bis zum letzten »Klick« funktioniert.

»Als ich später die Speicherkarte aus dem zerstörten Apparat nahm, habe ich festgestellt, dass sie noch intakt war. Alle Bilder, die ich vor dem Angriff aufgenommen hatte, waren noch da! Ein Wunder!«

Heilsame Archivbilder. Ein unwiderlegbarer Abdruck des Krieges, durchzogen von ebenso schmerzlichen wie notwendigen unauslöschlichen Spuren.

Schreiben, um nicht zu vergessen … Am 14. Juli 2016 hat ein weiterer Brief seinen Weg aus dem Inneren der Stadt gefunden, diesmal unterzeichnet vom Lokalrat der Enklave. Der Ton ist scharf, alarmierend. Das Schreiben ist direkt an den französischen Präsidenten François Hollande adressiert, ein letzter verzweifelter Hilferuf an die Welt.

Sehr geehrter Herr Präsident,
wir, die Einwohner von Daraya, die gegenwärtig um unsere Freiheit kämpfen, schreiben Ihnen, um Sie auf die Gefahr aufmerksam zu machen, in der sich unsere Stadt befindet. Mehr als achttausend Einwohner leben seit 2012 in der belagerten Enklave vor den Toren von Damaskus unter schwierigsten Bedingungen. Wir sind vollständig von Strom, Wasser und Kommunikationsmitteln abgeschnitten. Mit der Intensivierung der Bombardierungen durch das Regime in den vergangenen Wochen, einem flagranten Verstoß gegen die im Dezember 2015 in Wien getroffenen Beschlüsse über eine Beendigung der bewaffneten Auseinandersetzungen, hat sich die Situation noch einmal gravie-

rend verschärft. Der von den Revolutionskräften eingerichtete »humanitäre Korridor« zwischen Daraya und dem benachbarten Vorort Muadamiya wurde zerstört, ebenso wie die Ackerflächen der Stadt, sodass die Bevölkerung inzwischen von ihren letzten Versorgungsmöglichkeiten abgeschnitten ist. Die Bewohner, die dort Schutz gesucht hatten, waren gezwungen, sich in den zerstörten Wohngebäuden des Stadtzentrums zu verschanzen.

Innerhalb von vier Jahren wurden mehr als achttausend Fassbomben über der Stadt abgeworfen. Wir befürchten, dass die kürzlich erfolgten Vorstöße der Truppen des Regimes und seiner Verbündeten nur den Auftakt zu einem groß angelegten Angriff bilden, bei dem die letzten Bewohner von Daraya niedergemetzelt und die Wiege des gewaltlosen syrischen Widerstands vollständig zerstört würden. Daraya, das sowohl dem Regime als auch den Extremisten des Islamischen Staates Widerstand geleistet hat, droht ein erneutes Massaker wie bereits im August 2012. Innerhalb von zwei Tagen wurden damals mehr als sechshunderteinundvierzig Zivilisten von regimetreuen Truppen getötet. Was hier geschieht, ist faktisch das Resultat einer Rückeroberungsstrategie, die Baschar al-Assad dank logistischer Unterstützung durch Moskau in die Tat umsetzt. Nachdem die vereinbarte Waffenruhe am 27. Februar 2016 in Kraft getreten war, haben die Kämpfe und Bombardierungen für zwei Monate aufgehört. Wir möchten betonen, dass die revolutionären Truppen trotz wiederholter Verletzungen der Waffenruhe durch das Regime die Bedingungen des

Abkommens eingehalten haben. Sie haben sich immer für eine politische Lösung ausgesprochen, genau wie die zivilen Verantwortlichen, deren Befehl sie unterstehen. Die Streitkräfte des Regimes jedoch haben die Waffenruhe im Mai endgültig gebrochen. Seitdem rücken sie gegen das Zentrum der Stadt vor, wo die letzten Einwohner in der Falle sitzen.

Sehr geehrter Herr Präsident, damit das gewaltlose Daraya nicht zu einem syrischen Guernica wird, muss die internationale Taskforce zur Überwachung der Waffenruhe Verantwortung übernehmen. Wir fordern eine sofortige Intervention mit dem Ziel, das Regime dazu zu zwingen, die Resolution 2254 des Sicherheitsrates und die Wiener Erklärung vom Dezember 2015 umzusetzen. Zusätzlich zu einer Feuerpause fordern wir die Einrichtung eines humanitären Korridors, die Evakuierung der Verletzten und ihren Schutz sowie endlich die Aufhebung der Belagerung. Frankreich, das immer an der Seite des syrischen Volkes gestanden hat, muss seinen Einfluss geltend machen, um ein Massaker in Daraya zu verhindern, für das es andernfalls ebenso sehr die Verantwortung zu tragen hätte wie alle übrigen Akteure, die das Abkommen über eine Waffenruhe unterstützt haben. Trotz der dramatischen humanitären und militärischen Lage wird Daraya auch weiterhin Widerstand leisten und seinen seit vier Jahren andauernden Kampf für eine gewaltfreie, politische Lösung fortsetzen. Aber heute kann nur noch eine Intervention der internationalen Gemeinschaft, der politischen und revolutionären Kräfte, die vollständige Vernichtung Darayas und seiner Bewohner verhindern.

Es lebe die Revolution, die Würde und die Freiheit.

Wurde dieser Appell vom 14. Juli gelesen?

In Frankreich ist es 22 Uhr 33, als François Hollande von anderen Sorgen eingeholt wird. In Nizza endete das traditionelle Feuerwerk zum französischen Nationalfeiertag mit einem Blutbad: Ein Lastwagen ist in die Menge gerast und hat sechsundachtzig Menschen getötet und zahllose weitere verletzt. Ein erneuter barbarischer Akt, für den der Islamische Staat die Verantwortung übernommen hat.

Die beiden Nachrichten treffen gleichzeitig auf meinem Handy ein, mitten in der Nacht und mit einer ungewöhnlichen Verzögerung. Ich bin tags zuvor per Schiff auf einer griechischen Insel angekommen. Ich habe dieses so friedlich anmutende Mittelmeer überquert, dessen Fluten unzählige Migranten verschlungen haben. Der Internetempfang hier ist katastrophal. Ich muss mich dicht an die Mauer eines Nachbarn drücken, um einen Hauch von seinem W-LAN zu erwischen. Unter dem Sternenhimmel lege ich ein Kissen auf die Terrasse. Ich stelle den Laptop auf ein Mäuerchen und entwerfe eine Antwort an Ahmad. Meine Müdigkeit verbindet sich mit einem Gefühl von Ohnmacht und Schuldbewusstsein, und die Worte streiten sich in meinem Kopf. Assad wirft seine Bomben in Syrien. Der Islamische Staat mordet in Frankreich und anderswo. Die ganze Welt steht in Flammen, und ich sitze hier, von allem abgeschnitten, zwischen zirpenden Grillen auf einem griechischen Felsen, auf dem ich Samarra Urlaub versprochen habe. Unverwandt starre ich auf den leeren Bildschirm. Ich würde Ahmad gerne sagen, dass sie nicht vergessen werden. Ihm versprechen, dass ihr Brief das Gewissen der Weltöffentlichkeit aufrütteln wird. Dass Daraya nicht zu einem neuen Guernica werden wird. Dass bessere Tage kommen werden. Dass es in den Weinbergen wieder Trauben geben wird. Oliven in den Hainen. Brot in den Mägen. Ich würde ihnen gerne sagen, dass ein solches Verbrechen im einundzwanzigsten Jahrhundert nicht ungesühnt bleiben kann. Dass auch die Französische Revolution nicht von einem Tag auf den anderen vollbracht wurde, dass es Zeit gebraucht hat, dass die Formel »Freiheit, Gleichheit, Brüderlichkeit«, die der Islamische Staat heute infrage stellt, unerschütterlich ihre Gültigkeit bewahrt. Dass das kleine Mädchen in dem blauen Kleid eines Tages nicht mehr auf Totenschädeln stehen und das Wort »Hoffnung« an die Wand schreiben muss. Dass zwei plus zwei tatsächlich vier ergibt. Und dass die Fünf früher oder später vom Sicherheitsrat der Vereinten Nationen verurteilt werden wird. Ein Verbrechen gegen die Menschlichkeit, genau wie die Bombardierungen, die Angriffe mit Saringas, die Misshandlungen und Vergewaltigungen in den Gefängnissen, die Abriegelung von Städten und die Folter durch Hunger.

All das würde ich ihnen gerne sagen.

Aber was wird morgen sein?

Werden die Vereinten Nationen morgen einen Finger rühren?

Wird es ihnen gelingen, die Tötungsmaschinerie zu stoppen?

Wird Darayas verzweifelter Hilferuf morgen von anderen Tragödien verdrängt werden? Von anderen Bedrohungen? Anderen Konflikten?

Wird die internationale Gemeinschaft morgen, wenn es zu spät ist, endlich aufwachen?

Heute ist der 14. Juli.

Daraya weint.

Worte des Leids.

Totgeboren auf dem Papier.

Eines weiteren ungelesenen Briefs.

Manche Dinge möchte man niemals schreiben müssen. Worte, die schmerzen, bringt man sie zu Papier.

Ich bin wieder zurück in Istanbul, als Ahmad mir am 29. Juli eine Nachricht schickt.

Er ist am Boden zerstört.

»Omar wurde getötet.«

Ich bringe kein Wort heraus. Omar. Der Ibn Khaldun von Daraya. Der Bücherfreund. Der lesende Rebell der Bibliothek! Ein weiteres Opfer dieser mörderischen Belagerung. Hastig wähle ich Ahmads Nummer. Ich will ihm mein Beileid aussprechen, mein Mitgefühl. Ich weiß, wie sehr er Omar mochte. Omar, Darayas Hoffnung, der Soldat, der kein Soldat hätte sein sollen. Die Internetverbindung ist abgehackt. Ich verstehe nur jedes zweite Wort. Mithilfe von WhatsApp-Nachrichten und Gesprächsfetzen über den Messenger schildert Ahmad mir die Ereignisse der letzten Tage. Die ununterbrochenen Luftschläge. Die Bodenoffensive gegen weitere Stadtviertel. Im Westen. Im Süden. Überall. Das schrittweise Eindringen in die Wohngebiete. Die Rückeroberung der letzten Ackerflächen.

Und dann der bevorstehende Angriff auf den Bereich, in dem die letzten Lebensmittelvorräte aufbewahrt wurden. Omar und die Rebellen waren zahlenmäßig unterlegen und schlecht ausgerüstet. Ihre einfachen Kalaschnikows gegen die Panzer und Flugzeuge des Regimes. Egal. Sie mussten diesen Angriff abwehren. Er hätte für die Bevölkerung das Todesurteil bedeutet. Also haben sie alles riskiert: Sie haben sich über die gewohnten Verteidigungslinien hinausgewagt, um Sprengsätze auf der Route der Angreifer zu platzieren. Von ihrem Hügel aus haben die Soldaten der Vierten Division ihr Manöver bemerkt und das Kanonenfeuer eröffnet. Omar fiel zu Boden. Und ist nie wieder aufgestanden.

An diesem Tag hat Ahmad zum ersten Mal seit sehr langer Zeit wieder geweint.

»Die Nachricht von seinem Tod war ein Schock für mich. Ich war wie gelähmt, meine Trauer unüberwindlich. Omar war das Sinnbild dieser Revolution. Ein Kämpfer wider Willen, der von einer friedlichen Zukunft für Syrien träumte.«

Am anderen Ende der Leitung kippt seine Stimme, er schluchzt. Ich ahne, wie groß sein Kummer sein muss, welche Lücke der Tod seines Freundes reißt. Als sei eine Seite im Buch Darayas für immer ausgelöscht. Und unweigerlich wandern meine Gedanken zurück zu diesem untypischen Kämpfer, diesem Poeten am Abzug, der Bücher liebte und dem ich im Herbst 2015 zum ersten Mal, durch den Computerbildschirm getrennt, gegenübersaß. Ich denke an die unzähligen PDF-Dateien auf seinem Handy zurück. An seinen Wissensdurst. An seine streitbare Lust an Politik. An Machiavellis *Fürsten,* den ich ihm schenken wollte. Dieses Buch, das er nun niemals lesen wird. Ich denke an jene Front zurück, wo ihm die Bücher Gesellschaft leisteten – seine »Mini-Bibliothek«, wie er sie nannte. Ich stelle mir vor, wie sie jetzt auf dem Boden verstreut liegen, verloren im Staub. Vielleicht konnten Ahmad und seine Freunde ein paar davon zurückholen, bescheidene Erinnerungsstücke in diesem Krieg, der alles zunichtemacht. Konnten sie sich auf dem Friedhof von ihm verabschieden? Seinen Namen auf ein Stück Karton kalligrafieren? Leise ein paar Gebete sprechen?

»Nein, leider nichts von alldem ... Wir haben es nicht einmal geschafft, die Leichen von Omar und den drei anderen Kämpfern, die mit ihm zusammen getötet wurden, zurückzuholen. Die Soldaten des Regimes haben sie mitgenommen. Sie haben ihre sterblichen Überreste als Geiseln genommen.«

Das Regime hat sich also nicht damit begnügt, Omar zu töten, ihm seine Jungend zu rauben. Es hat ihn bis zuletzt verhöhnt, ihm ein Grab verwehrt, eine letzte Ruhestätte bei den Seinen.

Am nächsten Tag rufe ich Ahmad noch einmal an. Ich will hören, wie es ihm geht. Mich vergewissern, dass er durchhält. Er hat in der vergangenen Nacht kein Auge zugetan. Er und seine Freunde haben den ganzen Abend lang Totenwache gehalten. Ein improvisiertes Gedenken an Omar, in einer bescheidenen Wohnung. Stundenlang haben sie sich Videos angesehen, haben im Gedächtnis der Bücher gegraben, die er so sehr liebte. Sie haben einige Passagen daraus gelesen, um ihre Trauer zu lindern.

»Ich behalte ihn als einen Menschen in Erinnerung, der bis zum Schluss an unsere Revolution geglaubt hat … Er steckte voller Pläne. Er hätte eine politische Karriere machen können. Er träumte davon, zu heiraten und eine Familie zu gründen. Er hatte sogar schon seine Verlobung mit einer jungen Frau aus Damaskus geplant, sobald der Krieg zu Ende sei. Kurz vor seinem Tod hatte er sich, genau wie Hussam, für ein Fernstudium bei der Roshd-Universität eingeschrieben. Obwohl er jeden Tag von Tod umgeben war, glaubte er unerschütterlich an das Leben. Ein wahres Vorbild!«

Ahmad verstummt gedankenverloren. In seinem Kopf wirbeln die Erinnerungen durcheinander. Zu viele, um Ordnung hineinbringen zu können. Er ist niedergeschlagen, entschuldigt sich dafür, dass es ihm nicht gelingt, seine Gedanken zusammenzuhalten. Trotzdem noch ein letztes Wort, bevor er auflegt.

»Er hatte mir vor Kurzem etwas anvertraut: Die Revolution hatte seinen Traum, Ingenieur zu werden, zunichtegemacht. Aber dafür hatte sie ihm unverhofft die Tür zum Lesen geöffnet. Und zum Schreiben. Er wollte eines Tages zur Feder greifen und sich an die kommenden Generationen wenden. Schreiben, ja, schreiben für eine bessere Zukunft. Für ein pluralistisches Syrien. Das war eine Utopie, an die er glaubte.«

Aber die Tür hat sich geschlossen. Und die Feder ist vor der Zeit verstummt. Der Krieg hat sie zerbrochen.

Als ich an dem Tag auflegte, kam mir »Der Schläfer im Tal« in den Sinn. Jenes Sonnet von Arthur Rimbaud, das ich in meiner Jugend auswendig gelernt hatte.

Ein grüner winkel den ein bach befeuchtet
Der toll das gras mit silberflecken säumt ·
Wohin vom stolzen berg die sonne leuchtet –
Ein kleiner wasserfall von strahlen schäumt.

Ein kriegsmann jung barhaupt mit offnem munde
Den nacken badend in dem blauen kraut
Schläft unter freiem himmel · bleich · am grunde
Gestreckt· im grünen bett vom licht betaut.

Ein strauch deckt seine füsse. Wie ein kind
Lächelnd das krank ist hält er seinen schlummer.
Natur umhüll ihn warm! es friert ihn noch.

Ihm zuckt die nase nicht vom duftigen wind.
Er schläft im sonnenschein · die hand auf stummer
Brust – auf der rechten ist ein rotes loch.

Es ist kaum zu fassen, wie Gedichte die Zeit überdauern. Rimbaud war sechzehn Jahre alt, als er diese Zeilen schrieb. Das war 1870, während des Deutsch-Französischen Kriegs. Eine andere Zeit. Ein anderer Konflikt. Andere Tragödien. Und doch sage ich mir, dass die Verse kaum anders klingen würden, wenn er sie im einundzwanzigsten Jahrhundert geschrieben hätte. Sie sprechen an Darayas statt: Erfüllt von Auflehnung gegen den Tod eines jungen Soldaten; gewiegt vom schmerzlichen Lied einer tröstlichen Natur, auf dem Weg zur letzten Ruhe.

Ich habe das Sonett Asmaa gezeigt, meiner syrischen Freundin und Übersetzerin. Gemeinsam haben wir es ins Arabische übertragen und dabei darauf geachtet, die Reime auch über das Französische hinaus klingen zu lassen. Und dann habe ich es Ahmad geschickt, im Gedenken an Omar, den syrischen Schläfer im Tal.

Omars Tod markiert eine Zäsur im Leben der Einwohner von Daraya. Durch sein Ableben beginnen sie zu begreifen, dass die Tage ihrer Stadt gezählt sind. Ein neues Kapitel beginnt, so schwarz wie Kaffeesatz. Doch sie ahnen nicht, dass ihnen das Schlimmste noch bevorsteht. Am Donnerstag, dem 4. August, überziehen die Hubschrauber die Stadt unversehens mit einem neuen Gift: Napalm! Innerhalb eines Tages stürzen fast ein Dutzend Brandbomben auf Wohngebäude und verwandeln ihre Ziele in gewaltige Feuerbälle. Die Feuersbrunst ist verheerend: Sie vernichtet alles auf ihrem Weg. Mauern. Möbel. Bäume. Die für die tägliche Suppe bestimmten Blätter … Aschebedeckte Landschaften. Rauchende Gebäudestümpfe. Opfer einer grenzenlosen Zerstörungswut. Einer kalkulierten, bewussten Politik der verbrannten Erde, die damit ihren Höhepunkt erreicht.

In mehr als eintausenddreihundertfünfzig Tagen Belagerung schien die Stadt bereits alles erlitten zu haben: Fassbomben, Saringas, Raketen, Kanonenfeuer. In mehr als eintausenddreihundertfünfzig Tagen Belagerung hatte sie Trauer, Hunger und Angst erlebt. In mehr als eintausenddreihundertfünfzig Tagen Belagerung hatte sich Daraya nach und nach in ein weitläufiges Trümmerfeld verwandelt. Überall Särge aus Schutt. Verdorrte Olivenhaine. Mit dem Tod ringende Fetzen von Leben. Und jetzt hat Baschar al-Assad beschlossen, sich über die internationale Ächtung von Napalm hinwegzusetzen und die Stadt zum Tod auf dem Scheiterhaufen zu verurteilen. Ein massiver Vernichtungsfeldzug, um Daraya endgültig in die Knie zu zwingen und die Stadt von der syrischen Landkarte zu tilgen.

Meine Chats mit Ahmad, Shadi und Hussam werden immer seltener und beschränken sich auf die immer gleichen Fragen, auf die sie mit einigen Emojis antworten:

»Alles in Ordnung?«

»☹«

»Haltet durch!«

»☺«

Wenn das Internet funktioniert, erreichen mich ab und zu noch ein paar Bilder aus Daraya. Bilder von den einst so fruchtbaren Feldern, die von Panzern verwüstet wurden. Von den rußgeschwärzten Straßen, die aussehen wie die von einem Wahnsinnigen angezündeten Seiten eines Buchs.

Weiterschreiben, das ist jetzt das Wichtigste. Die Bresche offen halten. Die Aufmerksamkeit auf dieses Drama lenken. Aber in Frankreich wenden sich die

Blicke ebenso von Daraya ab wie im Rest der Welt. Die Vereinten Nationen sind gelähmt. Die politischen Klassen gefangen in ihren Sicherheitsbedenken. Das Schreckbild Islamischer Staat beherrscht alle Diskussionen. Und zwar in einem solchen Maße, dass manche Länder es sogar für sinnvoll erachten, den Gesprächsfaden mit Damaskus wieder aufzunehmen, um diese Geißel zu bekämpfen. Und wo bleibt bei alldem die gemäßigte syrische Opposition? Wachen Sie auf, meine Liebe, die gibt es doch schon lange nicht mehr! Unterdessen spielt die Zeit für Baschar al-Assad: Vollkommen unbehelligt nimmt er Daraya ins Visier und lässt die Stadt in Flammen aufgehen. *Fahrenheit 451*, schon mal davon gehört?

Verbrennen, um auszulöschen. Verbrennen, um alles Menschliche zu vernichten … Mitten im Sommer, am 16. August, wird der Albtraum, den alle fürchteten, zur Realität.

»Das Krankenhaus wurde mit Napalm angegriffen!«

Es ist Hussam, der mir an diesem Tag per WhatsApp die alarmierende Nachricht schickt. Die Hubschrauber haben ihre Brandbomben über dem letzten Krankenhaus der Stadt abgeworfen. Bei dem Angriff wurden vier Menschen verletzt, die unverzüglich fortgebracht wurden. Der Anfang vom Ende? Drei Tage später fallen erneut vier mit Napalm gefüllte Fässer auf das, was vom Krankenhaus noch übrig ist. Diesmal geht das gesamte Gebäude in Flammen auf. Ein verkohltes Gerippe. Eilends werden die Patienten in sichere Schutzräume evakuiert. In dunklen Löchern wird jeder behelfsweise zum Sanitäter, Psychologen oder einfachen Beleuchter, der das LED-Licht des Smartphones auf die Wunden richtet. Ein unfassbares Netzwerk der Solidarität entsteht. Die Eltern wechseln sich ab, um die Kinder am frühen Morgen vor dem Beginn der Bombardierungen kurz an die frische Luft zu lassen. Die Frauen drängen ihre Tränen zurück und singen leise Kinderlieder. Die Gebete werden fern der mehrmals zerstörten Moschee verrichtet. Zum ersten Mal in ihrem Leben verstärken Zivilisten die Freie Syrische Armee an der Front, um Daraya gegen die Panzer der gnadenlosen Vierten Division zu verteidigen.

Aber sie müssen den Tatsachen ins Auge sehen: Die Stadt steht mit dem Rücken zur Wand. Verurteilt zum Scheiterhaufen.

»Es fehlt uns an allem: Lebensmittel, Kämpfer, Munition, um uns zu verteidigen«, räumt Hussam nach ein paar Tagen ein.

Gepeinigt von Müdigkeit und Verzweiflung, liegt Daraya im Sterben. Erstmals seit Beginn der Belagerung werden diskrete Verhandlungen mit dem Regime eingeleitet.

»Das Leben der Zivilisten hat für uns oberste Priorität. Der Lokalrat und die Freie Syrische Armee haben die Vorstellung eines Abkommens mit der Regierung akzeptiert. Jetzt wird über einen Evakuierungsplan gesprochen. Aber die Diskussionen treten auf der Stelle, und wir wissen nicht, wie es ausgehen wird ...«

Und er selbst, Hussam, wie schafft er es durchzuhalten?

»Ach, ich zähle die Tage bis zu meinem Tod«, entgegnet er mit einem nervösen Lachen.

Auch Ahmad ist Fatalist geworden, vor allem seit Omars Tod.

»Wir unterscheiden nicht mehr zwischen Tag und Nacht. Wir sind völlig benommen, können keinen klaren Gedanken mehr fassen. Die meiste Zeit verbringen wir unter der Erde, im Büro des Medienzentrums. Der Tod ist überall, bereit, uns zu holen«, vertraut er mir an.

Von den Vereinten Nationen erwarten sie inzwischen nichts mehr, höchstens noch, dass sie irgendwann kommen und ihre Gebeine aus den Trümmern der Stadt klauben. Falls diese nicht vorher schon in der Glut zu Asche zerfallen sind. Einmal mehr hilft ihnen der – zunehmend schwarze – Humor beim Überleben. »Hoffentlich verdirbt die Hitze des Napalms über Daraya den Delegationen der Vereinten Nationen in Damaskus nicht das schöne Wetter!«, lautet eine ihrer sarkastischen Parolen. Die Worte sind hart, bitter. Aber sie stehen aufrecht, eines neben dem anderen, säuberlich von rechts nach links aneinandergereiht auf den Stücken Karton, die sie in ihre eigenen Kameras halten.

»In gewisser Weise ist die Ironie unser letzter Schutzwall. Wenn die Hoffnungslosigkeit uns zu überwältigen droht, erzählen wir einander Witze und machen *shelli*«, sagt Ahmad leise.

»*Shelli*?«

»Ja, das ist ein umgangssprachlicher Ausdruck hier, es bedeutet, man redet über alles und nichts. Klatsch und Tratsch, wenn du so willst … Ein Gefühl von Normalität, das uns beruhigt … Ein Halt …«

Shelli … Das Wort ist an meinen Lippen haften geblieben. Ein vertrauter Geschmack … *Shelli* … Als ich an jenem Abend auflege, kommt mir Mustafa Khalifa in den Sinn. *Al-Qawqa'a. Die Muschel. The Shell* auf Englisch. Und unwillkürlich sehe ich darin eine, wenn auch unbewusste, Verbindung zu *shelli*. Sprache als Kugelfang. Die berühmte Schutzhülle, der Panzer gegen die Gewalt. Ein unaufhaltsamer Redefluss, der unter den Flammen erblüht, wenn der Krieg die letzten Worte verbrennt.

27. August 2016. Neun Uhr morgens. Wie ein Lauffeuer schwärzt die Nachricht, auf die ich mich nach all der Zeit schließlich gefasst gemacht habe, den Bildschirm meines Smartphones.

»Wir gehen weg ☹«

Es war Ahmad, der sie im Morgengrauen getippt hat, während er hastig seine Tasche packte. In den vergangenen Wochen haben meine Freundin Asmaa und ich uns pausenlos abgewechselt, um ein Mindestmaß an Kontakt mit den jungen Männern aus Daraya aufrechtzuerhalten. Kurze, fragile Nachrichten, wie Leuchtkäfer in der Nacht, um sie unserer bescheidenen, fernen Unterstützung zu versichern. Als die Enklave vor drei Tagen erwachte, herrschte Stille. Es war etwa sechs Uhr morgens. Kein Flugzeug. Kein Artilleriefeuer. Eine ungewohnte, Furcht einflößende Ruhe. Wie das Signal zu einer weiteren Tragödie. Plötzlich verbreitete sich das Gerücht, ein Abgesandter des Regimes sei mit einem Ultimatum in die Stadt gekommen: Die Einwohner sollten Daraya unverzüglich verlassen, andernfalls würden sie dort lebendig begraben werden. Vergeblich versuchten zivile Führung und Rebellen zu erreichen, dass zumindest die Kämpfer in Daraya bleiben durften – und sei es auch ohne ihre Waffen. Oder dass sie in die Stadt Deraa umgesiedelt würden, die zu dem Zeitpunkt noch von der Opposition kontrolliert wurde. Doch nach langen Verhandlungen blieb den Aufständischen nichts anderes übrig, als zu kapitulieren. Ihre Stadt musste sich ergeben.

»Die Lage war hoffnungslos. Wir mussten um jeden Preis die Familien retten, ein letztes Opfer verhindern. Es gab nichts mehr zu essen, nichts, womit wir uns verteidigen könnten. Das Regime hatte alle unsere Felder verbrannt. Wir hatten nur zwei Optionen: entweder gehen oder sterben«, räumt Ahmad in einer Reihe von Textnachrichten ein.

Schon kurz darauf, am 26. August, trat der Waffenstillstand in Kraft. Vor den Toren der Stadt sammelten sich die ersten Busse, um die Zivilisten fortzubringen. Eine alte Leinentasche in der einen Hand und ein, zwei Kinder an der anderen kamen rund siebentausendfünfhundert Männer und Frauen mit wächsernen Mienen, zum Teil in Lumpen gekleidet, aus den Löchern hervor, ehe sie ein letztes Mal ihre in Trümmern liegende Stadt durchquerten. Dann stiegen sie unter den rächenden Blicken der Soldaten des Regimes in die vom syrischen Roten Halbmond flankierten Fahrzeuge, die sie in den einige Kilometer weiter südlich gelegenen Vorort Sahnaya brachten. Ironie der Geschichte: Die erzwungene Evakuierung begann auf den Tag genau vier Jahre nach dem schrecklichen Massaker in Daraya …

Am 27. August sind nun die etwa siebenhundert letzten Widerstandskämpfer der Stadt an der Reihe, zusammen mit ihren Familien und dem harten Kern der Aktivisten. Ihr Ziel liegt weiter entfernt: Damaskus hat schließlich entschieden, sie in die dreihundert Kilometer nordwestlich gelegene Region Idlib zu schicken, die von Assad-Gegnern kontrolliert wird. Insgesamt etwa dreißig Busse, auch sie von zahlreichen weiteren Fahrzeugen eingerahmt, stehen bereit, um sie in eine unbekannte Zukunft zu befördern.

In teils schriftlichen, teils mündlichen WhatsApp-Nachrichten, die ihren Aufbruch begleiten, erklärt Ahmad, dass er, Hussam und Shadi sich bewusst dafür entschieden haben, Teil dieses zweiten Konvois zu sein.

»Wir wollten uns vergewissern, dass die Evakuierung der Zivilisten ohne Zwischenfall vonstattengeht, damit wir beruhigt aufbrechen können. Wir wollten weder ihren Tod und erst recht nicht den ihrer Kinder auf dem Gewissen haben. Sie hatten nicht darum gebeten, hier zu sein. Wir hingegen waren freiwillig in Daraya geblieben. Und dieser Verantwortung mussten wir bis zum Schluss gerecht werden.«

Ihr Engagement kennt keine Grenzen. Tagelang haben sie wie in einem infernalischen Wartezimmer dem Tod entgegengesehen. Doch selbst diese Angst konnte ihrem Verantwortungsbewusstsein nichts anhaben.

Es ist inzwischen elf Uhr. Auf meinem Handy erscheint ein neues Lebenszeichen. Diesmal ist es Hussam.

»Es ist so weit, wir sammeln uns zum Aufbruch. Es herrscht ein heilloses Durcheinander. Die Leute sind am Ende ihrer Kräfte.«

Nach letzten Verhandlungen haben die oppositionellen Kämpfer kurz vor der Abreise schließlich doch noch die Erlaubnis erhalten, ihre leichten Waffen, hauptsächlich Kalaschnikows, mitzunehmen. Hussam ist erleichtert.

»Diese Waffen sind ein Schutz, und sei er auch nur psychologischer Natur. Wer weiß, was uns erwartet: Werden sie versuchen, uns zu stoppen? Uns hinzurichten?«, schreibt er mir per WhatsApp, als er beim Haltepunkt der Busse, wohin das Netz von Damaskus reicht, vorübergehend Zugang zum Internet hat.

Ein paar Minuten später schickt er mir ein paar Schnappschüsse, die er zuvor aufgenommen hat. Mit bleichen Zügen und trockenem Mund sind die letzten Überlebenden vor einem zerstörten Betongebäude zusammengepfercht. Eine Staubschicht bedeckt ihre Kleider. Zu ihren Füßen haben sie ihr bescheidenes Gepäck abgestellt. Manchen dient ein alter Mehlsack als Reisetasche.

Hussam hat nur einen Rucksack mitgenommen. Sein hastig zusammengerafftes Gepäck umfasst bloß das Nötigste: ein paar Hosen, T-Shirts, einen Laptop.

»Und natürlich die beiden Bücher, die Zeina mir geschenkt hat«, ergänzt er.

Alles andere hat er zurückgelassen: die Zigarettenstummel im Aschenbecher, das ungespülte Geschirr, die Matratze auf dem Boden der Wohnung gleich neben dem Medienzentrum, in der er und ein paar Freunde sich während der letzten Tage verschanzt hatten. Doch trotz aller Eile gehorchte er noch einem letzten Überlebensinstinkt: »Ich habe meine Notizbücher zerrissen und alle Unterlagen mit revolutionärem Inhalt verbrannt. Die Pamphlete, die Parolen … Ich kann leider nicht alles mitnehmen. Und es kam nicht infrage, den Schergen des Regimes Zeugnisse unserer Arbeit zu hinterlassen.«

Ehe er zum Abfahrtsort der Busse ging, hat er noch kurz am Friedhof haltgemacht. Auf diesem schmalen Streifen Erde, der während der vier Jahre andauernden Belagerung immer länger und länger geworden ist, hat er Ahmad, Shadi und all die anderen getroffen. Gemeinsam haben sie leise ein letztes Abschiedslied für die etwa zweitausend Märtyrer der Stadt gesungen: Freunde, Gefährten, Kämpfer, Nachbarn, getötet von Bomben und Krieg.

Es ist beinahe siebzehn Uhr. Nach drei Stunden Wartezeit steht die Abfahrt der Busse endlich kurz bevor.

»Es geht gleich los!«, verkündet eine Nachricht.

Ich erhalte ein Foto aus dem Inneren eines der Busse. Das Selfie ist verschwommen und gegen das Licht geknipst. Aber trotzdem deutlich genug, dass ich ihre abgemagerten Gesichter vor den blauen Sitzreihen erkennen kann. In ihren Zügen sehe ich die Spuren der hinter ihnen liegenden Strapazen, und sowohl ihre Mienen als auch ihre Hemden sind von Hitze und Erschöpfung gezeichnet. Inmitten der Gruppe blitzt Hussams unerschütterliches verschmitztes Lächeln auf. Doch nie zuvor waren seine Züge derart angespannt.

Es ist das letzte Bild, das mich aus Daraya erreicht, bevor die Busse starten.

Danach folgt stundenlanges Schweigen. Jenes ebenso vertraute wie unerträgliche Warten, das sich dehnt wie ein Gummiband. Dreihundert Kilometer sind eine lange Strecke. Dreihundert Kilometer mit Checkpoints gespickte Straßen, von Bombensplittern beschädigte Fahrbahnen, durch die Unwägbarkeiten des Krieges plötzlich unpassierbare Routen. Dreihundert Kilometer unter strengster Bewachung, über ihnen die drohenden Rotorblätter der Hubschrauber des Regimes.

Beim Aufwachen dann dieses erste Lebenszeichen. Ein unverhoffter Anruf.

»Wir sind in Idlib angekommen!«

Es ist Hussam, der mir die Nachricht verkündet. Waise seiner Stadt. Aber erleichtert darüber, am Leben zu sein. Es ist ungefähr sieben Uhr morgens an diesem 28. August, und trotz seiner Müdigkeit ist der junge Mann bereits in der Stimmung für Scherze.

»Weißt du was: Als sie mich heute Morgen weckten, habe ich gleich nach gegrilltem Hähnchen verlangt! Ich hatte so sehr davon geträumt. Aber die Jungs haben geantwortet, jetzt sei erst einmal Frühstückszeit. Ich hätte vier Jahre auf gegrilltes Hähnchen gewartet, da könnte ich auch noch vier Stunden länger warten!«

Sein schallendes Lachen ist ansteckend. Im Hintergrund höre ich wie ein Echo darauf fröhlichen Lärm. Autos hupen, der Karren des Gemüseverkäufers rasselt, Passanten feilschen um den Preis für ein paar Kartoffeln. Leben, das echte Leben. Und zum ersten Mal reden wir miteinander, ohne von Waffengetöse unterbrochen zu werden.

Auf den Ton folgen die Bilder. Shadi konnte der Versuchung nicht widerstehen, während der Evakuierung die Kamera des Medienzentrums einzuschalten, die er kurz vor dem Aufbruch noch in seine Umhängetasche gesteckt hatte.

Ich klicke auf das Video, das er mir geschickt hat. Hinter den von dünnen Rissen durchzogenen Scheiben des Busses erkenne ich die Soldaten des Regimes in ihren kakifarbenen Tarnuniformen. Ihre drohenden Blicke, ihre steinernen Mienen. Der Bus setzt sich in Bewegung, streift zerzauste Palmen, fährt Ausfallstraßen entlang, die wie lange, gebrochene Arme anmuten. Überall Trümmerhaufen. Wie zu Blätterteig zusammengefallene Häuser. Eine kleine repräsentative Auswahl der Verwüstungen, die dieser Konflikt hinterlassen hat.

Dann, gleich hinter einem Checkpoint, wandelt sich die Umgebung abrupt. Erschauernd lese ich auf einem Straßenschild den Namen »Mezzeh«: das berüchtigte Militärgelände, von dem aus die Soldaten der Vierten Division die Rebellen in Daraya vier Jahre lang erbarmungslos unter Beschuss genommen haben.

Die vom Regime kontrollierte Straße ist perfekt geteert. So weit das Auge reicht, reihen sich Wohnblocks aneinander. Ein paar Neugierige beobachten von ihrem Balkon aus schweigend die vorbeifahrenden Busse. Der Konvoi stoppt, fährt weiter. Draußen funkeln die Autos. Auf den Ladenschildern über den reich bestückten Schaufenstern erkenne ich die Namen einiger ausländischer Haushaltsgerätehersteller. In der Ferne kommt das rächende Porträt Baschar al-Assads in Sicht.

Wieder bricht die Aufnahme ab, bevor eine neue Sequenz beginnt, diesmal Reihen von Schaulustigen, die beim Vorbeifahren der Busse applaudieren wie bei der Ankunft der Helden der Tour de France. Der Kontrast ist frappierend. In den Straßen herrscht Euphorie, überall recken sich Finger zu einem triumphierenden »V«. Männer klatschen Beifall. Frauen stoßen traditionelle Jubelrufe aus. Jugendliche schwenken Plakate mit Willkommensgrüßen. Überall strahlende, lächelnde Gesichter.

»Das ist Idlib«, erklärt Shadi.

Idlib, ihr Ziel.

Das Ende einer langen Reise. Eines steinigen, gefahrvollen Weges.

Am 12. September, zwei Wochen nach der erzwungenen Evakuierung von Daraya, fegt ein Video die letzten Überreste des zerschlagenen Frühlings hinweg. Es zeigt einen selbstsicheren Baschar al-Assad, der unter den aufmerksamen Blicken der offiziellen Kameras durch die menschenleeren Straßen der Geisterstadt paradiert. Zum muslimischen Opferfest hat der Rais von Damaskus sich einen Tag nach seinem einundfünfzigsten Geburtstag ein ganz besonderes Geschenk gemacht. Umringt von einer Armada aus politischen Beratern, hochrangigen Militärs und religiösen Würdenträgern, verrichtet er zunächst ein gemeinsames Gebet, ehe er, mit dramatischer Musik unterlegt, vor den Ruinen der Stadt posiert. Ein Lächeln auf den Lippen, in hellgrauem Anzug und den Hals aus dem offenen Kragen seines Hemds gereckt, wiederholt er seine traditionelle Botschaft: »Wir sind entschlossen, jeden Zoll syrischen Bodens aus den Händen der Terroristen zurückzuerobern.« Dann richtet er im gleichen martialischen Ton das Wort an die »Abtrünnigen« und »gekauften

Verräter«, die einem »ausländischen Komplott« auf den Leim gegangen seien. »Wir sind hier«, fährt er in hämmerndem Stakkato fort, »um jene falsche Freiheit zurückzunehmen, die sie zu Beginn ihrer Revolution durchsetzen wollten, und der wahren Freiheit wieder zu ihrem Recht zu verhelfen.« In vier Jahren haben sich seine Worte nicht ein Jota verändert. Ein Erzählfaden, gesponnen aus den immer gleichen Floskeln: »Sicherheit«, »Wiederaufbau«, »nationales Ansehen« …

Und so liegt der Name »Daraya« da. Allein im Angesicht der Dunkelheit. Niedergetrampelt von den Stiefeln der Propaganda. Ein Märchen über den Leichnam der Stadt und ihre Hunderte von Märtyrern jagt das andere. Rachsüchtig. Kriegslüstern. Frei von Nuancen. Triumphierend stellt Baschar al-Assad die ununterbrochene Bombardierung von Daraya als eine antiterroristische Maßnahme dar. Einen Akt der Selbstverteidigung. Die erzwungene Evakuierung der Stadt war keine gewaltsame Umformung des syrischen Territoriums, sondern lebensnotwendig, beharrt er. Es wird Zeit, dass Syrien sein früheres Ansehen wiedererlangt. Seine Souveränität. Dass der Staat seine Autorität durchsetzt. Dass das Volk seine übertriebenen Ambitionen aufgibt. Eine Frage von Leben oder Tod. Im Namen der Unabhängigkeit des Landes. Seines wiederaufpolierten Images. Jener berühmten Losung mit zwei Optionen: »Ich oder das Chaos.«

Während ein neues Vokabular von Daraya Besitz ergreift, dringen die ersten Informationen über die Bibliothek aus der eroberten Enklave. Anders als von Ahmad befürchtet, enden die Bücher nicht auf dem Scheiterhaufen. Aber die Realität ist vielleicht noch schlimmer: Nach der Entdeckung des geheimen Forums haben die Soldaten des Regimes die Regale geplündert und die Bücher billig auf dem Bürgersteig eines Damaszener Flohmarktes verscherbelt. Kultur zum Schleuderpreis. Vier Jahre währende Bemühungen zur Rettung des Erbes von Daraya eingetauscht gegen ein paar Münzen.

»Ich habe durch Freunde aus Damaskus davon erfahren. Sie haben die Bücher gleich am Namen ihres Besitzers erkannt, den wir auf die erste Seite geschrieben hatten«, berichtet mir Ahmad von seinem neuen Heim in Idlib aus.

Er schickt mir ein Foto von dem verwüsteten Untergeschoss. Das Bild wurde von einem der wenigen Reporter aufgenommen, die, unter strenger Aufsicht durch Vertreter des Regimes, Zugang zu Daraya erhalten hatten. Ich erkenne den fensterlosen Raum wieder, die langen Bretterreihen, die hölzernen Regale entlang der Mauern. Sie sind halb leer. Die letzten Bücher liegen wild durcheinander, achtlos dem Staub und dem Halbdunkel überlassen. Der Boden ist mit aus den Möbeln gerissenen Schubladen übersät, dazwischen weitere verstreute Bücher. Im Hintergrund des Bildes tritt ein Soldat im Tarnanzug auf papiernes Strandgut. Er wendet dem Fotografen den Rücken zu, zweifellos, um nicht identifiziert zu werden. Seine aufdringliche Silhouette lässt mich an das erste Bild von Daraya zurückdenken. Das Foto von »Humans of Syria«. Welcher Kontrast zu jener friedlichen Stille. Zu der Hoffnung, die die Bücherschmuggler verkörperten. Dem Traum von einer besseren Welt. Einer nur angedeuteten Zukunft, die zwischen den Zeilen aufschien.

»Es ist also vorbei?«, frage ich Ahmad.

Seine Antwort kommt sofort.

»Natürlich nicht! Man kann eine Stadt zerstören. Aber Ideen nicht!«

Dann fährt er fort: »In Daraya hat das Regime alles darangesetzt, jedes positive, intellektuelle Zeugnis der Revolution auszulöschen. In Assads Augen sind kultivierte, gebildete Menschen gefährlich, denn sie personifizieren eine Herausforderung an die etablierte Ordnung. Aber ich habe das Gefühl, an dieser Tragödie gewachsen zu sein. Ich habe mich noch nie so frei gefühlt, so angefüllt mit Erinnerungen, die mir niemand jemals wieder nehmen kann.«

In Gedanken versunken, atmet Ahmad tief ein. Aber das war nicht sein letztes Wort. Noch nicht. Er, der Bücher vor fünf Jahren noch keines Blickes würdigte, will mir von einem historischen Beispiel erzählen, von dem er im Laufe seiner umfangreichen Lektüre während der Belagerung erfahren hat: der Zerstörung der großen Bibliothek von Bagdad. Der Vorfall reicht zurück in die Zeit des Mongolensturms. In jener fernen Vergangenheit vernichteten die neuen Eroberer zahlreiche Werke über Medizin und Astronomie, indem sie sie in die Fluten des Tigris warfen.

»Es heißt, das Wasser nahm so viel Tinte auf, dass es sich verfärbte«, fährt er fort.

Selbst die zerstörten Bücher hatten noch auf den Fluss abgefärbt und schwärzten mit ihrer unauslöschlichen Tinte das Wasser der Stadt. Eine symbolische Metapher. Für die Wehrhaftigkeit der Worte, selbst wenn sie dazu verdammt sind, in Vergessenheit zu geraten.

Seine Worte erinnern mich an eine andere, jüngere Geschichte, von der ich ihm nun im Gegenzug erzähle. Sie spielte sich auf dem heutigen Berliner Bebelplatz, damals Opernplatz, ab. Am 10. Mai 1933 ließ Hitlers Regierung dort innerhalb einer Nacht Tausende Bücher regimekritischer Autoren verbrennen, die die Nationalsozialisten zuvor beschlagnahmt hatten. Zu den papiernen Opfern gehörten unter anderem die als subversiv eingestuften Schriften von Stefan Zweig, Karl Marx, Bertolt Brecht oder auch Sigmund Freud. In jener Nacht hielt der Propagandaminister Joseph Goebbels eine Rede über die Schaffung einer neuen Welt. Einer Welt, in der dem Regime feindlich gesinnte Bücher kein Existenzrecht mehr hatten.

1995 ist der israelische Bildhauer Micha Ullman, dessen Eltern einst aus der deutschen Hauptstadt geflohen waren, auf diesen Platz zurückgekehrt. Im Gedenken an die Bücherverbrennung hat er unter dem Pflaster eine Geisterbibliothek geschaffen. Der unter einer in den Boden eingelassenen Glasplatte gelegene Raum wurde bewusst leer gelassen. Es gibt auch keinen Zugang, man kann nicht hinuntersteigen oder auf andere Weise hineingelangen. Man muss sich vorbeugen, um die mit leeren weißen Regalen ausgestatteten fünfzig Quadratmeter zu betrachten. Heute ist dieser Ort unter dem Namen *Versunkene Bibliothek* bekannt.

Wird Daraya, genau wie Berlin, eines Tages seinen Bebelplatz haben? Welche Erinnerung wird morgen, übermorgen, in einem halben Jahrhundert von diesem Bücherkeller bleiben? Wird die einst für ihre köstlichen weißen Trauben bekannte Rebellenstadt tatsächlich, wie es Gerüchte besagen, nach dem Abriss ihrer vielen zerstörten Häuser in eine Militärbasis umgewandelt? In den vier Jahren der Belagerung hat Baschar al-Assad alles darangesetzt, die Stadt zu verstümmeln. Ihre Felder niederzubrennen. Ihr Terrain unleserlich zu machen. Den Sätzen noch ihre letzten Silben zu rauben. Aber was auch immer geschieht, diese jungen syrischen Helden haben eine bleibende Geschichte geschrieben, von der die Welt erfahren soll. Angesichts des Zerstörungswerks der Bomben haben sie nicht nur Bücher gerettet. Sie haben Worte gebaut. Sätze errichtet. Tag und Nacht haben sie unerschütterlich an die Kraft der Sprache geglaubt. An ihre Unbesiegbarkeit. Sie haben das Schweigen gebrochen, die Erzählung fortgesetzt. Ein Idiom des Friedens geschaffen. Mit ihren Büchern, ihren Parolen, ihren Zeitschriften, ihren Graffiti und ihren literarischen Schöpfungen haben sie bis zum Schluss der militärischen Metrik getrotzt, einen anderen Rhythmus erfunden als den der Kanonenschläge. Die Hässlichkeit des Krieges überwunden durch die Sprache. Was bleibt, ist eine heimatlose Gedenkstätte aus Worten für die nächste Generation.

Epilog

Istanbul, 26. August 2017

Ich träume oft einen immer wiederkehrenden, ebenso zärtlichen wie eigentümlichen Traum. Es ist Märchenstunde. Samarra und ich hüpfen durch die gepflasterten Straßen von Istanbul. Der Taksim-Platz und sein Simit-Verkäufer schauen uns nach. Über unseren Köpfen fliegen die Möwen davon in Richtung Sommer. Am Anfang des Istiklal-Boulevards ist der Haupteingang des Institut Français inzwischen dauerhaft verschlossen. Man gelangt nur noch durch eine Sicherheitsschleuse in einer Seitenstraße ins Gebäude. Doch der Zugang zur Mediathek hinten im Garten ist unverändert. An das Geländer der Treppe, die hinunter in die Bücherarena führt, hat jemand Mandalas und das Wort »Hoffnung« geklebt.

Unten erwartet uns Julie, die Märchenerzählerin, den Zeigefinger an die Lippen gelegt. »Überraschung!«, ruft sie. Wir gehen hinein. Vor der für die Kinder reservierten Bank haben drei Erwachsene Platz genommen. Auf den ersten Blick erkenne ich Ahmad, Shadi und

Hussam. »Wir sind gekommen, um euch die unglaubliche Geschichte einer geheimen Bibliothek zu erzählen«, flüstern sie ihrem jungen Publikum zu, das sogleich wie gebannt an ihren Lippen hängt. Als die Geschichte zu Ende ist, erhalten die kleinen Zuschauer als Geschenk alle ein Büchlein mit unbeschriebenen, weißen Seiten. Darin kann jeder von ihnen die Geschichte Darayas so aufschreiben oder zeichnen, wie er sie empfunden hat.

In meinem Traum sehe ich die Gesichter meiner syrischen Gegenüber ganz deutlich vor mir. Niemals während unserer zahllosen virtuellen Unterhaltungen in den vergangenen Jahren konnte ich die Beschaffenheit ihrer Haut, ihre fein geschnittenen Züge, die Farbe ihrer Augen so präzise erkennen. Jedes Detail ist da. Die Stimme. Die Gesten. Die Mimik.

Das liegt daran, dass mein Traum nicht länger jene ferne, von flüchtigen Gesprächsfetzen zwischen zwei Detonationen inspirierte Fantasievorstellung ist. Mein Traum ist eine Fortsetzung der Realität. Unseres unverhofften Wiedersehens auf türkischem Boden. Dieser zahlreichen Treffen in der letzten Zeit, die den Grundstein zu einer engen Freundschaft gelegt haben.

Ein Jahr ist vergangen seit ihrem überstürzten Aufbruch aus Daraya. Ein Jahr, in dem sie versucht haben, Abstand zur Absurdität ihrer Erlebnisse zu gewinnen. In dem sie dem Leben ins Gesicht geblickt und die Welt anders gesehen haben als nur auf dem Bildschirm eines Smartphones. Und in dem sie gereist sind. Einer nach dem anderen hat die Muschel aufgebrochen, manche von ihnen hat ihr Weg sogar über die Grenzen Syriens hinausgeführt.

Shadi war der Erste, der einen Fuß auf die andere Seite gesetzt hat. Im Oktober 2016 traf er in Reyhanli in der Provinz Hatay im Südosten der Türkei ein. Die türkischen Behörden, die mehr als zweieinhalb Millionen syrische Emigranten in ihrem Land aufgenommen haben, hatten ihm eine Einreisegenehmigung erteilt, damit er seine Hand in der Türkei operieren lassen konnte. Wir hatten uns nach seinem ersten Arzttermin in einem Café der kleinen türkischen Stadt verabredet, die zu einem Sammelplatz der Flüchtlinge geworden ist. Als ich ankam, erkannte ich Shadi sofort an dem Verband um seinen linken Arm. Er trug eine Lederjacke und hatte das kurze Haar leicht zurückgegelt. Es war ein seltsames Gefühl, einander »live« gegenüberzustehen, auch wenn es uns vorkam, als hätten wir uns erst am Vortag voneinander verabschiedet. Der Kellner, ein aus Aleppo stammender Syrer, führte uns an einen kleinen Tisch, auf den er zwei Gläser Tee stellte. Mit seiner unversehrten rechten Hand öffnete Shadi die Tasche, die er über der Schulter trug. Eine der wenigen Habseligkeiten, die er aus Daraya mitgenommen hatte. Er nahm etwas heraus und legte es auf den Tisch: seine Kamera. Die, die ihm das Leben gerettet hatte. Ich sagte kein Wort. Ich betrachtete das verkohlte Objektiv wie einen Menschen, der mit knapper Not dem Tod entronnen war. Langsam strich er den Staub weg, der das Gehäuse noch immer bedeckte.

»Wie geht es dir?«

Es schien, als hätte er meine Frage nicht gehört.

»Daraya war ein Symbol«, sagte er. »Diese Kamera war Zeuge. Leider hat die ganze Welt uns im Stich gelassen …«

An diesem Cafétisch trauerte er immer noch um seine Stadt, das Gesicht von Erschöpfung gezeichnet. Ich fragte ihn, ob er den Videoclip von Baschar al-Assad gesehen habe.

»Alles nur Theater!«, entfuhr es ihm.

Wieder beugte er sich über seine Tasche. Sie war gefüllt mit Festplatten: all die Fotos und Videos, die er während der vier Jahre andauernden Belagerung gespeichert hatte.

»Das sind die Bilder, die ich von Daraya im Gedächtnis bewahren möchte«, beharrte er. »Die Bilder einer verschworenen Gemeinschaft. Von unserem gemeinsamen Wunsch, eine neue Zukunft zu errichten. Neue Ideen zu verteidigen. Wir bildeten eine Einheit. Es herrschte eine Atmosphäre von Solidarität und Kameradschaft. Ein einzigartiges Experiment, das als Vorbild für andere Städte hätte dienen können. Daraya, das ist nicht nur eine Stadt, das ist eine Geisteshaltung.«

Den Blick voller Wehmut, versank Shadi in seinen Erinnerungen. Er sprach von Daraya wie von einem

Abenteuer. Wenn er es noch einmal tun müsste, fuhr er fort, würde er keine Sekunde zögern.

»Baschar al-Assad präsentiert unseren Abzug als Niederlage. Aber für mich ist es schon ein großer Sieg, dass wir vier Jahre lang einer derart gnadenlosen Belagerung standgehalten haben.«

Hinter uns hatte eine Kundin die Tür des kleinen Cafés geöffnet, das gleichzeitig als Konditorei diente. Die Arme mit Geschenken beladen, schwankte sie zwischen einem »Eisköniginnen«- und einem »Cinderella«-Kuchen für den Geburtstag ihrer Tochter. Shadi lächelte.

»Das Schlimmste«, sprach er weiter, »ist das Danach. Wir müssen wieder lernen, ganz normal zu leben, nicht bei jedem Flugzeug, das wir sehen, zu zittern, in einer stillen Umgebung einzuschlafen. Plötzlich wird alles reglos, könnte eine Ewigkeit andauern. Alles ist jetzt anders: die Vorstellung von Zeit und Raum. Ein geregeltes Leben ohne Angst, ohne Bedrohung. Dieses Unkomplizierte ist verstörend.«

Ein paar Wochen später habe ich Shadi noch einmal angerufen, um mich zu erkundigen, wie es ihm gehe: Die Operation war gut verlaufen. Er konnte seine Finger wieder ein wenig bewegen, und der Arzt hatte ihm Physiotherapie verschrieben. Anschließend war er vorübergehend zu seinen Eltern gezogen, die bereits vor einigen Jahren nach Istanbul emigriert waren, um dort seine vollständige Heilung abzuwarten. Seine Mutter mästet ihn mit Fisch, und sein Vater versucht ihm auszureden, nach Syrien zurückzukehren. Doch Shadi ist nach wie vor davon überzeugt, dass dort sein Platz ist. Bis es so weit ist, besucht er hier einen Türkischkurs und denkt darüber nach, sein Studium wiederaufzunehmen. Einmal im Monat treffen wir uns zu Kaffee und *shelli* im Gedenken an Daraya.

Endlich habe ich auch Ustaz kennengelernt. Nachdem zahlreiche Anläufe zu einer virtuellen Unterhaltung während der Belagerung von Daraya gescheitert waren, haben wir uns im Januar 2017 schließlich in Istanbul getroffen. Er war für eine Weile in die Türkei gekommen, um sich zu erholen. Der Muhammad Shihadeh, der mir in einem Restaurant am Taksim-Platz gegenübersaß, war ganz genau so, wie ich ihn mir vorgestellt hatte: ruhig, gelassen, freigebig mit seiner Zeit und seinen Worten. Drei Stunden lang berichtete er mir von den Ursprüngen des zivilen Engagements in Daraya. Von der einzigartigen Erfahrung während der Neunzigerjahre, zu deren treibenden Kräften er selbst gehört hatte. Von seinen Lieblingsbüchern. Von den Gedichten Mahmud Darwischs und den Selbsthilfebüchern, die er so sehr schätzt. Während ich ihm zuhörte, begriff ich noch besser, welch positiven Einfluss er auf die jungen Männer in Daraya ausgeübt hatte. Als ich ihm sagte, wie viel diese ihm zu verdanken hätten, errötete er.

»Ach, im Gegenteil, ich habe so viel von ihnen gelernt. Ich bin ein sehr ernster Mensch. Sie waren viel witziger als ich. Wenn ich mit ihnen zusammen war, dann vergaß ich meinen Kummer.«

Aber die Traumata der Belagerung sind nun anderen Sorgen gewichen, die paradoxerweise noch schwerer zu bewältigen sind: Welche Zukunft ist für Syrien denkbar? Wie sollen sie mit den tiefen Gräben umgehen, die das Land zerreißen? Wie ihre Zuversicht bewahren, wenn das Schicksal der Revolutionäre von 2011 ihnen zunehmend entgleitet?

»Wie schwierig die Umstände während der Belagerung auch waren, wir lebten in der unverrückbaren Hoffnung auf eine bessere Zukunft. Und plötzlich sind wir mit einer neuen Realität voller Ungewissheiten konfrontiert.«

Und dann sagte Ustaz jene Worte, die ich nicht mehr vergessen habe: »Paradoxerweise hat uns die Belagerung vor allen Radikalisierungsbestrebungen geschützt. Sie hat es uns ermöglicht, den Geist von Daraya lebendig zu erhalten. Vier Jahre lang sind wir nur unter uns geblieben. Das war nicht immer einfach, aber wir haben unsere Differenzen immer im Dialog geklärt. Von außen ist niemand zu uns durchgedrungen. Es gab keinen Versuch, uns zu manipulieren. Keine fremde Einflussnahme. Es war eine ganz eigene Erfahrung.«

Im Gegensatz zu anderen Gebieten Syriens, wo sowohl regionale als auch ausländische Mächte ihre Verbündeten, ihre Interessen und ihre Territorien unterstützt und verteidigt haben. Wo sich im Laufe immer wieder wechselnder Bündnisse Zusammenschlüsse gebildet, umgebildet, gewandelt und radikalisiert haben. Heute steht das Land kurz vor dem Auseinanderbrechen. Während der sogenannte Islamische Staat nach und nach die Kontrolle über seine letzten Gebiete verliert und die kurdische Minderheit danach strebt, ihre Enklave abzusichern, erobert Baschar al-Assad mithilfe seiner russischen und iranischen Verbündeten Stück für Stück die letzten Bastionen der gemäßigten Opposition zurück. Auf Daraya folgte Ost-Aleppo, dann Al-Waer und Barseh. Die Region Idlib, in die Tausende Zivilisten und zur Kapitulation gezwungene Kämpfer der Freien Syrischen Armee evakuiert wurden, ist zur Endstation des Aufstands gegen Assad geworden und heute durch die wachsende Vormachtstellung der Dschihadisten bedroht.

Trotz der Ungewissheit, die auf der Zukunft seines Landes lastet, ist Ustaz im Frühjahr 2017 in den Norden Syriens zurückgekehrt. Im Mai hat eine gute Nachricht ihm die Heimkehr versüßt. Seine Frau und seine Kinder, die kurz vor der Schließung des letzten Zugangs nach Daraya Anfang 2016 nach Damaskus geflohen waren, konnten zu ihm nach Idlib kommen. Und er hat zum ersten Mal das jüngste seiner drei Kinder in die Arme geschlossen, das während der Belagerung geboren wurde.

Hussam geht es gut, er ist optimistisch wie eh und je. Ende 2016 hat er mithilfe eines Schleppers heimlich die Grenze überquert und sich in Gaziantep im Südosten der Türkei niedergelassen. Kaum dort angekommen, hat er sein Pseudonym abgelegt und benutzt jetzt wieder seinen richtigen Namen, Jihad. In der Levante ist das ein weitverbreiteter Vorname ohne besondere religiöse Konnotation. Im Januar 2017 hat er sich aus Istanbul bei mir gemeldet: Er war einen Tag zuvor angekommen, um Zeina zu besuchen und die Familie seiner zukünftigen Ehefrau kennenzulernen. Jihad wohnte in einem kleinen Hotel an der Istiklal Caddesi, an der auch das Institut Français liegt. Wir haben uns in einem Café getroffen, nur wenige Meter von der Stelle entfernt, wo sich ein Jahr zuvor ein Selbstmordattentäter in die Luft gesprengt hatte. Doch davon habe ich ihm nichts erzählt. Ich wollte ihm nicht die Freude verderben. Alles, was er sah, versetzte ihn in Entzücken. Die geraden Häuserzeilen. Die Qualität des öffentlichen Nahverkehrs. Der stets verfügbare Strom. Nach einem Tag hatte er schon die besten Adressen der Stadt ausfindig gemacht. Er hatte eine Pizza bei Eataly gegessen, die Antiquariate abgeklappert und sein ganzes Geld für ein knappes Dutzend Bücher ausgegeben, darunter *Stolz und Vorurteil* von Jane Austen über die Institution Ehe im England des beginnenden neunzehnten Jahrhunderts. Seine während der Belagerung erwachte Liebe zu Büchern hatte ihn in die kürzlich renovierte historische Beyazit-Bibliothek geführt. Er hatte sogar die Zeit gefunden, die Buchhandlung »Pages« zu besuchen, den Treffpunkt junger syrischer Intellektueller und Künstler im Herzen des Stadtteils Fatih, des »Klein-Damaskus« von Istanbul. Nach zwei starken Espresso in dem Café an der Istiklal stand Jihad auf. Er musste noch einigen »Behördenärger« klären. Ich habe ihn begleitet. Bei diesen Treffen voller Taschenspielertricks und unter der Hand weitergereichten Scheinen erkannte ich den waghalsigen »Hussam« aus Daraya wieder, der sich in jeder Situation zu helfen wusste. Nach ein paar Stunden war sein Visum bereits verlängert, und darüber hinaus war ihm noch die Erteilung einer Aufenthaltserlaubnis zugesichert worden. Anschließend fuhren wir mit dem Taxi in ein elegantes Istanbuler Viertel zum syrischen Konsulat, wo er seinen Reisepass verlängern lassen musste. Jihad war besorgt. Die lähmende Furcht, auf den Listen des Regimes zu stehen, ließ ihm keine Ruhe. Ein Vetter aus Damaskus hatte ihm den Namen eines Beamten genannt, den er einem Angestellten des Konsulats ins Ohr flüstern sollte. Kaum hatten wir das Gebäude betreten, wurde Jihad mit einer herzlichen Umarmung und dem Versprechen empfangen, er werde seine neuen Papiere in weniger als einem Monat bekommen. Die Macht des *wasta*, des orientalischen Vitamin B, kennt selbst unter erbitterten Feinden keine Grenzen.

»Nach allem, was wir durchgemacht haben, kann mich nichts mehr überraschen oder mir Angst machen«, sagte Jihad nach diesem Treffen lachend.

Noch am gleichen Abend nahm er den Nachtbus zurück nach Gaziantep, wo er am darauffolgenden Morgen eine Prüfung ablegen würde, in der Hoffnung, anschließend eine Stelle bei einer NGO zu bekommen. Seine unerschütterliche Zuversicht wurde belohnt. Trotz der Müdigkeit nach der langen Fahrt und den Unmengen an technischem Wissen, das er sich innerhalb kürzester Zeit aneignen musste, hat er den Test bestanden. Sein neues Leben konnte beginnen. Aber ohne Zeina. Ein paar Wochen später hat Jihad seine Verlobung mit ihr diskret gelöst. Zweifellos aus dem Bedürfnis heraus, sich erst einmal selbst zu finden, bevor er eine Familie gründete. Wie groß der Wille dazu auch sein mag, eine vier Jahre andauernde Belagerung verdaut man nicht einfach so in ein paar Monaten.

Die Erinnerung an Omar alias Ibn Khaldun bleibt stets lebendig. In Gedanken. In Gesprächen. In den Filmen und Fotos, die seine Freunde von ihm bewahrt haben. Am Tag nach der Evakuierung, Ende August 2016, ist es den Verhandlungsführern gelungen, seine sterblichen Überreste im Rahmen eines Austauschs zwischen der Freien Syrischen Armee und der Vierten Division zurückzuholen. Schließlich wurde Omar an der Seite seiner Gefährten auf dem Märtyrerfriedhof von Daraya beigesetzt. Ein Loch im Staub, ein in den Grabstein gravierter Name und ein paar Blumen als letzter Gruß. In dieser Erde, für die er gekämpft hat, in dieser kleinen aufständischen Bastion vor den Toren von Damaskus hat der syrische Schläfer im Tal nun seine ewige Ruhe gefunden. Er schläft im Sonnenschein, die Hand auf stummer Brust. Ein Strauch deckt seine Füße. Den Körper eingehüllt in ein Leichentuch aus Trümmern.

Ahmad hat, genau wie Abu el-Ezz, der Mitbegründer der Bibliothek, und Abu Malek, der Banksy der Gruppe, beschlossen, in ihrer neuen Heimat Idlib zu bleiben. Mit einigen ehemaligen Gefährten aus der Zeit der Belagerung teilt er sich ein kleines Haus in einem Dorf an der türkischen Grenze. Er liest viel, unterstützt die Vertriebenen und sammelt neue Kräfte auf Spaziergängen durch die Olivenhaine, wobei ihn wie ein Refrain die Titelmelodie aus *Die fabelhafte Welt der Amélie* begleitet. Dabei ist sein neues Zuhause alles andere als ein friedlicher Zufluchtsort. Wie einen sich endlos wiederholenden Albtraum erlebte Ahmad am Jahresende 2016 die Beendigung der Belagerung der Rebellenhochburg Ost-Aleppo, als Tausende Evakuierte, die dem gleichen Bombenhagel ausgesetzt gewesen waren wie er, mit verstörtem Blick und zerschlagenen Träumen in die Region strömten. Und im April 2017 riss der Giftgasangriff auf Chan Scheichun die Wunden aus Daraya wieder auf.

»Als ich davon hörte, war ich wie gelähmt. Es war, als hätte jemand auf die Replay-Taste gedrückt. Ich erlebte noch einmal live mit, was wir 2013 durchgemacht hatten«, erzählt mir Ahmad.

Einige Tage darauf holte der neue amerikanische Präsident Donald Trump zu einem Vergeltungsschlag aus und ließ Stellungen des syrischen Regimes angreifen. Seitdem hat die Wiederaufnahme der Gespräche von Astana die russisch-syrischen Luftschläge beendet. Einer noch vagen, im Mai 2017 unterzeichneten Vereinbarung zufolge wollen Moskau, Teheran und Ankara Idlib zu einer der vier neuen sogenannten Deeskalationszonen machen, um dort eine dauerhafte Waffenruhe zwischen Anhängern und Gegnern von Assad zu erreichen.

Doch zur Erleichterung über diesen vermeintlichen Waffenstillstand gesellt sich nun die Angst vor einer ungewissen Zukunft. Zunächst noch als Helden empfangen, macht sich bei den Aktivisten von Daraya allmählich Enttäuschung breit.

»Wir wollten einen dritten Weg verkörpern, wollten zeigen, dass eine Alternative zum herrschenden Regime und dem Islamischen Staat möglich ist.«

Aber im Nordwesten ist die Stimmung anders und die Lage komplizierter.

»In Daraya haben Aktivisten und bewaffnete Kämpfer miteinander geredet. Hier wollen die militärischen Gruppierungen bei allen zivilen Initiativen das Sagen haben.«

Zwar gibt es immer noch eine lebendige moderate bewaffnete Opposition, doch die radikalsten Gruppen, etwa die Dschihadisten der ehemaligen Nusra-Front, gewinnen mehr und mehr die Oberhand. Sie reißen die Fahne der Opposition herunter. Sprühen überall religiöse Graffiti. Unterdrücken Demonstrationen. Verbieten Frauenstimmen im Radio. Mitte Juli 2017 haben sie etwa dreißig Orte im Gouvernement Idlib unter ihre Kontrolle gebracht, darunter auch die gleichnamige Hauptstadt.

Durch diesen Druck hat sich Ahmad nur noch mehr von der Religion entfernt. Er hat seinen Bart abrasiert, verurteilt den Schleierzwang für Frauen und prangert die Heuchelei der Extremisten an.

»Diese Leute verkörpern nicht den Islam. Neulich hat jemand, der al-Nusra nahesteht, mich gebeten, ihm dabei zu helfen, sein Handy zu reparieren. Als Bildschirmhintergrund prangte da groß und deutlich das islamische Glaubensbekenntnis, aber sein Speicher war angefüllt mit pornografischen Filmen ...«

Tatsächlich ist die Region Idlib nichts als eine gewaltige *karkabeh,* räumt er ein, ein unüberschaubares Chaos. Es gibt kein klares Ziel mehr, keine präzise Vorstellung davon, was man eigentlich erreichen will. Dutzende Splittergruppen liefern sich einen erbitterten Konkurrenzkampf, während die Islamisten ihre Herrschaft in der Provinz festigen. Hinzu kommt die allgegenwärtige Angst, das Regime könne dort eine endgültige Säuberung durchführen. Diese letzte Bastion der Aufständischen zum Schauplatz des Endkampfs gegen die Rebellen machen.

Doch Ahmad will die Hoffnung nicht aufgeben. Er ist davon überzeugt, dass auf die lange Nacht des syrischen Volkes irgendwann ein Neuanfang folgen wird. In welcher Form? Das weiß er nicht. Doch bis es so weit ist, sprüht er geradezu vor Ideen und Projekten. Getreu seiner Liebe zu Büchern hat er eine fahrbare Bibliothek für die Kinder und Frauen von Idlib gegründet. Und an den Abenden, an denen ihn Zweifel und Ungewissheit überkommen, denkt er zurück an die einzigartige Erfahrung von Daraya.

Vor einigen Tagen hat Ahmad ein Video aus den Tiefen seines Handyspeichers ausgegraben. Am 27. August 2016, zwei Stunden vor ihrem Aufbruch aus der belagerten Enklave, war er allein durch die Ruinen seiner Stadt gewandert und hatte seinen Weg entlang der »vielen Häuser« gefilmt, die wie verwüstete Baustellen anmuteten. Die Aufnahme endet mit der zerschrammten Fassade der Bibliothek.

»Dieses Bild ist es, das sich in meine Erinnerung eingebrannt hat, wenn ich an Daraya denke. Ich lasse es in Schwarz-Weiß an meinem inneren Auge vorüberziehen und höre dazu die Stimme von Mahmud Darwisch, der ›Belagerungszustand‹ rezitiert.«

Ein regloses Bild, seine letzte Erinnerung an diesen unglaublichen Traum aus Papier.

Dank

Ich konnte mein Versprechen nur zur Hälfte einlösen: Dieses Buch hat tatsächlich das Licht der Welt erblickt, aber nachdem die Stadt vom Regime zurückerobert wurde, wird es nun nicht, wie ich gehofft hatte, eines Tages in den Regalen der Bibliothek von Daraya stehen.

Diese Seiten gehören jetzt Ahmad, Shadi, Jihad alias Hussam, Abu Malek und ihren treuen Gefährten aus der Zeit der Belagerung. Sie sind das Zeugnis ihres gewaltlosen Engagements, dieses beständigen Wunschs nach Leben und Demokratie, den sie bis zum Schluss verteidigt haben.

Ich bin ihnen unendlich dankbar für ihr Vertrauen und ihre nie nachlassende Bereitschaft, inmitten des Krieges ihre Erlebnisse mit mir zu teilen.

Darüber hinaus danke ich Muhammad Shihadeh, dem unersetzlichen Ustaz, aus tiefstem Herzen für seine Großzügigkeit während unseres stundenlangen Gesprächs in Istanbul. Dieser Austausch hat es mir ermöglicht, einige Dinge zu präzisieren und den einzigartigen Charakter von Daraya besser zu verstehen.

In der Entstehungsphase dieses Buches konnte ich mich stets auf die Professionalität und den Enthusiasmus zweier unvergleichlicher junger syrischer Übersetzerinnen verlassen: Sarah Dadouch und Asmaa al Omar. Geduldig und immer mit einem offenen Ohr haben sie eine außergewöhnliche Aufmerksamkeit und Genauigkeit bewiesen, selbst wenn sie die Nachrichten aus Daraya mitten in der Nacht oder am frühen Morgen übertragen sollten. Die Liebe zu ihrem Land und ihre Begeisterung für den Journalismus werden sie zu ausgezeichneten Reporterinnen machen.

Die Geschichte von Daraya wäre nicht in dieser Form erschienen, hätte mich die Romanschriftstellerin Luisa Etxenike nicht ermutigt, als ich, mit der ewigen Frage »Wie kann ich das Unsichtbare sichtbar machen?« hadernd, zweifelte, welche Gestalt ich diesem Text geben sollte. Dafür möchte ich ihr meinen tief empfundenen Dank aussprechen.

Einmal mehr hat die Filmemacherin Katia Jarjoura, meine Freundin und treue erste Leserin meiner Bücher, den Text mit einem kritischen, objektiven Blick bedacht. Dafür bin ich ihr mehr als dankbar.

Besonderen Dank schulde ich auch Hala Moughanie für ihr aufmerksames und akribisches Lektorat. Ihr Engagement und ihre klugen Anmerkungen waren mir eine wertvolle Hilfe.

Auch möchte ich meiner Freundin, der Forscherin Carole André-Dessornes, ganz herzlich für ihre Ratschläge und ihre wohlwollende Unterstützung danken.

Dieses Buch endet mit einem besonderen Gedanken an Omar, den jungen, zu früh verstorbenen lesenden Kämpfer, und seine zerstörten Träume. Möge die Erinnerung an ihn seiner Familie und seinen Freunden dabei helfen, die nötige Kraft zu finden, um ihr Streben nach Freiheit fortzusetzen.

Adana
TÜRKEI
Gaziantep
Dscharablus
Kobane
İskenderun
Afrin
Bab al-Salameh
Manbidsch
al-Bab
Reyhanli
Bab al-Hawa
Aleppo
Antakya
(Hatay)
Darqush
Idlib
Maskana
Mittelmeer
Salma
Kafranbel
Latakia
Orontes
Chan Scheichun
Hama
Salamia
Tartus
SYRIEN
Homs
Tadmur
(Palmyra)
Tripoli
LIBANON
Arsal
Baalbek
Beirut
Madaya
Damaskus
Douma
Mezzeh
Zamalka
Muadamiya
Daraya
Sahnaya
UN-Pufferzone
Golanhöhen
von Israel besetzt
Haifa
ISRAEL
Suwaida
Deraa
WEST-
JORDANLAND
JORDANIEN